Avaliação Ambiental de Processos Industriais

4ª edição

Luciano Miguel Moreira dos Santos

Avaliação Ambiental de Processos Industriais

4ª edição

Luciano Miguel Moreira dos Santos

Copyright © 2011 Oficina de Textos
1ª reimpressão 2014

Grafia atualizada conforme o Acordo Ortográfico da Língua

Portuguesa de 1990, em vigor no Brasil a partir de 2009.

Conselho editorial   Cylon Gonçalves da Silva; José Galizia Tundisi; Luis Enrique Sánchez;

Paulo Helene; Rozely Ferreira dos Santos; Teresa Gallotti Florenzano

Capa, projeto gráfico e diagramação MALU VALLIM

Preparação de figuras DOUGLAS DA ROCHA YOSHIDA

Preparação e revisão de texto MARCEL IHA

Impressão e acabamento VIDA & CONSCIÊNCIA EDITORA E GRÁFICA

Dados Internacionais de Catalogação na Publicação (CIP)
(Câmara Brasileira do Livro, SP, Brasil)

Santos, Luciano Miguel Moreira dos
    Avaliação ambiental de processos industriais /
Luciano Miguel Moreira dos Santos - 4ª ed. - São Paulo :
Oficina de Textos, 2011.

    Bibliografia.
    ISBN 978-85-7975-036-6

    1. Controle de processos 2. Empresas - Aspectos ambientais
3. Empresas - Meio ambiente - Avaliação
4. Gestão ambiental 5. Processos industriais I. Título.

11-11467   CDD-658.408

        Índices para catálogo sistemático:
1. Controle de processos industriais e
avaliação ambiental 658.408

Todos os direitos reservados à **Editora Oficina de Textos**
Rua Cubatão, 959
CEP 04013-043 São Paulo SP
tel. (11) 3085-7933 (11) 3083-0849
www.ofitexto.com.br
atend@ofitexto.com.br

Agradecimentos

O autor agradece a todos aqueles que, direta ou indiretamente, colaboraram na preparação deste trabalho, em particular:

Ao Prof. Edwin Auza Villegas, meu orientador, pelo acompanhamento, pelas sugestões e pela amizade em todos os anos de graduação, mestrado e doutorado;

Aos engenheiros Grace Miranda e Wilton Araújo, funcionários da Usiminas, pelas valiosas discussões e orientações e pelos questionamentos levantados durante o trabalho;

Ao Instituto Federal de Minas Gerais - campus Ouro Preto, por ter possibilitado e apoiado a minha participação no curso de doutorado.

Sumário

PREFÁCIO   9

INTRODUÇÃO   11

1 | ANÁLISE DO CICLO DE VIDA E AS NORMAS DA SÉRIE 14000   15

1.1 A organização internacional para normalização – 15

    1.1.1   Estrutura da ISO – 15

    1.1.2   Desenvolvimento das normas ISO – 16

    1.1.3   Comitê técnico 207 – 17

    1.1.4   Normas da série ISO 14000 – 18

1.2 Aplicações da análise do ciclo de vida – 18

1.3 Procedimentos para uma análise do ciclo de vida – 20

    1.3.1   Definição do escopo e dos objetivos – 21

    1.3.2   Ciclo de vida de um produto – 23

    1.3.3   Árvore de processo para um produto – 24

    1.3.4   Inventário do ciclo de vida – 26

    1.3.5   Análise de impactos – 29

    1.3.6   Interpretação – 31

    1.3.7   Métodos de definição de pesos para os indicadores
e as categorias de impacto ambiental – 33

1.4 Relação entre as normas de ACV e a norma ISO 14031 – 39

1.5 *Softwares* de análise do ciclo de vida – 40

1.6 Análise do ciclo de vida em uma perspectiva histórica – 43

1.7 Estudos relevantes com a técnica de ACV – 43

2 | METODOLOGIA PARA AVALIAÇÃO DO DESEMPENHO AMBIENTAL DE PROCESSOS INDUSTRIAIS   47

3 | MEDIÇÃO DO DESEMPENHO AMBIENTAL DE UM PROCESSO   57

3.1 O *software* SAAP – 57

3.2 Indicadores e índices ambientais – 59

    3.2.1   Índice de aquecimento global – 59

    3.2.2   Índice de destruição da camada de ozônio – 75

    3.2.3   Índice de acidificação – 85

    3.2.4   Índice de eutrofização – 90

3.2.5 Índice de formação de oxidantes fotoquímicos – 95

3.2.6 Índice de toxicidade – 102

3.2.7 Índice de consumo de recursos naturais – 114

3.2.8 Índice de consumo de energia – 116

3.2.9 Índice de destruição de oxigênio dissolvido – 120

3.2.10 Índice de distúrbio local por material particulado – 124

3.3 Índice de Pressão Ambiental – 130

REFERÊNCIAS BIBLIOGRÁFICAS 133

Prefácio

Com a implantação de sistemas de gestão ambiental, as indústrias necessitam de uma metodologia para avaliar seus aspectos e impactos ambientais significativos. O autor desenvolveu uma metodologia para calcular os impactos e pressão ambiental de determinados poluentes em um processo industrial, tendo como base a legislação ambiental e o nível de sustentabilidade de consumo de recursos naturais e energia. Essa metodologia foi implementada no *software* SAAP – Sistema de Avaliação Ambiental de Processos – para calcular o índice de pressão ambiental (IPA) de um processo industrial, por meio da seleção e do cálculo de indicadores e índices ambientais, utilizando as técnicas de Análise do Ciclo de Vida da série de normas ISO 14000. Elas definem categorias de impacto ambiental mundialmente adotadas, tais como aquecimento global, destruição da camada de ozônio, acidificação, eutrofização e toxicidade, entre outras. Os pesos de cada categoria de impacto ambiental variam de acordo com o valor de pressão ambiental relativa de cada índice ambiental. A partir desses resultados, podem-se propor alternativas para diminuir os impactos e a pressão ambiental do processo analisado. Dessa maneira, o *software* SAAP torna-se uma poderosa ferramenta de gerenciamento ambiental de processos industriais, contribuindo para a implementação das normas de gestão ambiental da série ISO 14000 e para a melhoria contínua da *performance* ambiental das organizações.

Introdução

A natureza dos problemas ambientais é parcialmente atribuída à complexidade dos processos industriais utilizados pelo homem, com o uso dos diversos recursos tecnológicos. A produção de bens de consumo tem crescido em grandes proporções e, com ela, o consumo de recursos naturais. A complexidade ambiental é causada pelo fato de a extração e a utilização desses recursos comprometerem a existência de criaturas que vivem em sistemas interativos chamados ecossistemas. Além disso, a geração de resíduos pelos processos industriais também afeta a sobrevivência de organismos nos ecossistemas, alterando a cadeia alimentar de forma muitas vezes imprevisível.

A comunidade dos seres vivos de um ecossistema depende de sua habilidade em converter energia em um ambiente específico e combinar essa energia com elementos passivos da terra. Ecossistemas pequenos e grandes são mutuamente dependentes nesse processo, pois há troca de massa e energia entre vários ecossistemas terrestres. Portanto, a crescente escala de intervenções humanas está ameaçando não somente um número separado de ecossistemas, mas o ecossistema terrestre como um todo (Adriaanse, 1993).

O meio ambiente é visto, agora, não apenas com uma fonte de recursos, alimentos e energia a ser explorada pelo homem, mas como alguma coisa com valores e direitos intrínsecos, inerente às necessidades humanas. A velha filosofia, segundo a qual a natureza é uma propriedade do homem, que tem o direito de explorá-la, está sendo trocada pela visão de que a humanidade é apenas mais uma espécie que convive com as outras em interconexão, todas com direito à existência (Helsink University of Technology, 1996).

Diante das interferências humanas no meio ambiente, surge uma questão: "Como avaliar os impactos ambientais decorrentes das atividades humanas?" Afinal, sabe-se da complexidade dos ecossistemas, das interferências de uns sobre outros e da propagação dos impactos ambientais ao longo de vários ecossistemas.

Ao avaliar-se a qualidade ambiental, está-se discutindo diretamente a qualidade das intervenções humanas sobre um suporte físico, relacionando-se os impactos criados aos graus de inadequação das atitudes e concretizações sobre os ecossistemas (Bollmann; Marques, 2000).

Após vários encontros e conferências mundiais, estabeleceu-se que a avaliação ambiental deveria ser feita pela alocação de fatores impactantes em categorias de impacto ambiental. Essa metodologia está sendo consolidada pela ferramenta "Análise do Ciclo da Vida".

A análise do ciclo de vida (ACV) é uma ferramenta de gestão ambiental que estabelece uma visão geral das consequências ambientais da existência de um produto ao longo de seu ciclo de vida. O estudo engloba o ciclo de vida do produto desde a extração das matérias-primas, envolvendo sua produção e seu uso, as possibilidades de reciclagem e reúso, até sua disposição final.

Na ACV, deve-se definir o sistema que pode envolver todas as etapas da vida de um produto. São avaliados os descartes gerados nos diferentes processos, tais como as emissões atmosféricas, a geração de efluentes líquidos e resíduos sólidos, o consumo de energia e de matérias-primas e as consequências ambientais do uso e da disposição final do produto. A Fig. I ilustra um sistema para uma ACV.

Os impactos ambientais causados pela extração e produção de matérias-primas são também estudados. Devem também ser avaliadas as possibilidades para a redução dos impactos ambientais causados pela geração do produto. Por meio das técnicas de ACV, pode-se analisar um produto, serviço, processo ou tecnologia (Helsink University of Technology, 1996).

Os princípios que envolvem a técnica de ACV foram desenvolvidos nos Estados Unidos, no final de década de 1960, onde ela era usada para avaliar os impactos ambientais de produtos. O foco dos estudos baseava--se principalmente no consumo de energia, em razão da primeira crise do petróleo. Conhecia-se muito pouco sobre os aspectos ambientais de diversos processos, de modo que uma análise quantitativa dos impactos ambientais do ciclo de vida do produto era praticamente impossível.

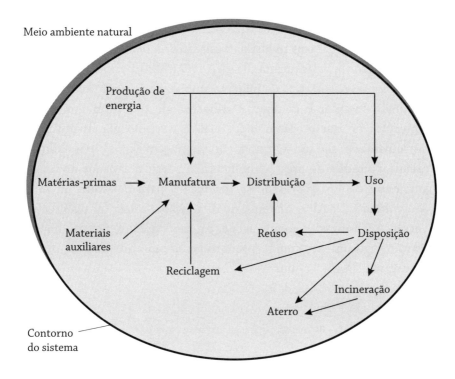

FIG. I *Ciclo de vida de um produto*
Fonte: Helsink University of Technology (1996).

No início da década de 1980, a opinião pública europeia começava a alertar sobre a crescente utilização dos recursos para a produção de embalagens. Vários países europeus realizaram estudos para avaliar a carga ambiental e os potenciais impactos decorrentes de embalagens de bebidas. Tais estudos contribuíram para consolidar os princípios que envolvem a ACV e levaram à análise do ciclo de vida de vários materiais utilizados em embalagens.

O final da década de 1980 e toda a década de 1990 foram pautados pelo esforço internacional para normalizar os princípios e as técnicas da ACV e para desenvolver procedimentos de boa conduta. A normalização da ACV começou na International Organization for Standardization (ISO) e no European Comitee for Standardization (CEN).

Apenas recentemente a ACV tem despertado a atenção para sua aceitação e utilização. Para facilitar o uso e a aplicação das normas, foram desenvolvidos alguns *softwares* que realizam uma avaliação ambiental pautada pela seleção de categorias de impacto ambiental nos níveis local, regional e global.

Esta publicação visa desenvolver uma metodologia para avaliação ambiental de processos industriais baseada na técnica de análise do ciclo de vida, descrita pelas normas da série ISO 14000, permitindo o cálculo de um índice representativo do impacto ambiental causado pelas indústrias.

Para facilitar e ampliar a utilização do procedimento de análise ambiental de um processo industrial, a metodologia desenvolvida foi implementada em um *software* em linguagem visual, possibilitando o cálculo do índice de pressão ambiental a partir dos dados do inventário ambiental de um processo. As instruções para *download* do *software*, denominado "SAAP – Sistema de Avaliação Ambiental de Processos – Versão 1.0", estão disponíveis na página do livro no *site* da editora (http://www.ofitexto.com.br/produto/avaliacao-ambiental-de-processos-industriais-.html).

Capítulo I | Análise do ciclo de vida e as normas da série 14000

1.1 A organização internacional para normalização

1.1.1 Estrutura da ISO

A Organização Internacional para Normalização (International Organization for Standardization – ISO) é uma federação mundial composta por 130 membros de entidades nacionais de normalização, sendo um membro de cada país associado. De acordo com a sigla, esta organização deveria se chamar IOS e não ISO; porém, optou-se pelo nome ISO, derivado da palavra grega *isos*, cujo significado é "igual".

A ISO é uma organização não governamental criada em 23 de fevereiro de 1947, cuja missão é promover o desenvolvimento da normalização mundial com o objetivo de facilitar o comércio internacional de bens e serviços e desenvolver a cooperação de atividades científicas, tecnológicas e econômicas. O trabalho da ISO resulta em acordos internacionais, os quais são publicados como normas internacionais.

A existência de normas distintas para tecnologias similares em diferentes países e regiões pode contribuir para a imposição de barreiras técnicas ao comércio internacional. A origem da ISO está, portanto, ligada à necessidade de derrubar tais barreiras, de modo a incrementar o intercâmbio comercial mundial.

A normalização internacional está bem estabelecida para muitas tecnologias em diversos campos da economia. Ela continuará a crescer em importância para todos os setores da atividade industrial. Os usuários e clientes têm maior confiança em produtos e serviços em conformidade com as normas internacionais.

Cada país componente da ISO possui um membro proveniente da mais representativa entidade normalizadora de seu país. O Brasil possui uma vaga na ISO representada pela Associação Brasileira de Normas Técnicas (ABNT). A Fig. 1.1 apresenta o organograma da ISO.

O trabalho técnico da ISO é muito descentralizado, sendo elaborado por 2.850 comitês técnicos, subcomitês e grupos de trabalho. Nesses comitês, representantes de indústrias, institutos de pesquisa, autoridades governamentais, consumidores e organizações internacionais de todas as partes do mundo se reúnem em igualdade de condições para resolver problemas de normalização internacional. Aproximadamente 30 mil pessoas participam desses encontros a cada ano.

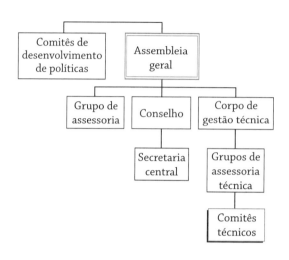

FIG. 1.1 *Estrutura da ISO*
Fonte: Chehebe (1998).

A Secretaria Central, sediada em Genebra, na Suíça, assegura o fluxo documental em todas as direções, esclarece pontos técnicos com secretários e assessores e promove a edição, impressão, análise e publicação dos acordos aprovados pelos comitês técnicos.

1.1.2 Desenvolvimento das normas ISO

As normas ISO são desenvolvidas de acordo com os seguintes princípios (Santos, 1998):

- Consenso: convergência de interesses de produtores, vendedores e usuários, grupos de consumidores, laboratórios de análises, entidades governamentais, profissionais de engenharia e organizações de pesquisa;
- Abrangência global: soluções globais para satisfazer indústrias e consumidores no mundo inteiro;
- Trabalho voluntário: a normalização internacional é dirigida pelo mercado e, portanto, baseada no envolvimento voluntário de todos os interessados que ocupam espaço no mercado.

Há três principais fases no processo de desenvolvimento das normas ISO. Em geral, a necessidade de normalização é expressa por um setor industrial, o qual a comunica para um membro nacional da ISO. Uma vez que a necessidade de normalização internacional tenha sido reconhecida e formalmente aceita, a primeira fase envolve a definição do escopo técnico da futura norma. Essa fase é normalmente desenvolvida em grupos de trabalho que abrigam pessoas qualificadas dos países interessados na normalização.

Uma vez acordados quais aspectos técnicos serão cobertos pela norma, ocorre a fase de construção do consenso, na qual os países negociam as especificações detalhadas da norma. A fase final apresenta a aprovação formal do Draft International Standard (DIS) que resultou das discussões, seguido da publicação do texto como Norma ISO Internacional. O critério de aprovação exige o voto de 2/3 dos membros da ISO que participaram efetivamente do processo de desenvolvimento da norma e a aprovação de 75% de todos os membros votantes.

A ISO determinou que todas as suas normas devem ser revistas a intervalos de, no máximo, cinco anos, em razão da constante mudança tecnológica, da existência de novos métodos e materiais e de novos requisitos de qualidade e segurança. Atualmente, há 11 mil normas internacionais editadas pela ISO.

1.1.3 Comitê técnico 207

Em 1993, a ISO formou o comitê técnico 207 (TC 207) em Gestão Ambiental, cujo objetivo é normalizar ferramentas e sistemas de gestão ambiental. O TC 207 não determina limites ou critérios de *performance* para processos e produtos. Suas atividades baseiam-se na filosofia de que melhorar as práticas de gestão ambiental é o melhor caminho para melhorar a *performance* ambiental das organizações e de seus produtos.

O TC 207 está editando as normas da série ISO 14000, que estabelecem diretrizes sobre a área de gestão ambiental dentro das empresas. É composto de subcomitês (SC) e grupos de trabalho que estão produzindo normas nas seguintes áreas:
- SC1: Sistemas de Gestão Ambiental;
- SC2: Diretrizes para Auditoria Ambiental;
- SC3: Rótulos e Declarações Ambientais;
- SC4: Avaliação do Desempenho Ambiental;
- SC5: Análise do Ciclo de Vida;
- SC6: Termos e Definições;
- SC7: Gestão de gases de efeito estufa e atividades relacionadas.

A formação do TC 207 de gestão ambiental foi o resultado de uma sequência de atividades que culminou com a necessidade de regular a proteção ambiental em todo o mundo. Os fatores-chave para a criação do TC 207 foram a recomendação da Comunidade Europeia, a Agenda 21 e a Declaração de Princípios da Conferência do Rio de Janeiro em 1992. O TC 207 foi criado em janeiro de 1993 e sua sessão inaugural ocorreu em junho do mesmo ano, em Toronto, Canadá.

O trabalho desse comitê exclui a normalização de métodos de testes para poluentes, os quais são de responsabilidade do TC 146 - Qualidade do Ar, TC 147 - Qualidade da Água, TC 190 - Qualidade do Solo e TC 43 - Poluição Sonora, que, além dos procedimentos de testes, determinam valores limites de emissão de poluentes. O TC 207 sempre terá um estreito relacionamento com o TC 176 - Gestão e Garantia da Qualidade, no campo da auditoria e gestão de sistemas.

O TC 207, como todos os comitês técnicos da ISO, é composto por membros participantes, membros observadores e organizações ligadas à área de desenvolvimento da norma. Os países membros são representados por suas respectivas organizações nacionais de normalização. Os membros participantes são aqueles que votam, participam ativamente das discussões e têm acesso a toda documentação relevante. Os membros observadores representam países que não votam, mas participam das discussões e recebem toda a informação relevante. As organizações são convidadas a participar das discussões e também recebem toda a informação pertinente, mas não têm direito a voto. O Brasil é um membro participante, sendo representado pela Associação Brasileira de Normas Técnicas (ABNT).

1.1.4 Normas da série ISO 14000

As normas da série ISO 14000 e, consequentemente, o trabalho dos subcomitês e grupos de trabalho, visam avaliar a empresa e o produto de modo a promover a melhoria contínua. A Fig. 1.2 apresenta o inter-relacionamento dos trabalhos dos subcomitês e grupos de trabalho.

1.2 Aplicações da análise do ciclo de vida

As técnicas de análise do ciclo de vida utilizadas para controlar os aspectos ambientais têm diferentes aplicações. Internamente, as indústrias podem usar as técnicas de ACV para o desenvolvimento de novos produtos ou otimização de produtos e processos existentes, e para reduzir os impactos ambientais dos produtos em toda a sua vida, permitindo, ainda, a seleção de indicadores de *performance* ambiental. Externamente, elas podem utilizar as técnicas para divulgar ao consumidor ou a órgãos ambientais melhorias dos aspectos ambientais de seus produtos e processos, ou, ainda, comparar qualidades ambientais com outros competidores. Portanto, a ACV pode ser utilizada para promover um melhor entendimento de todas as emissões ambientais, do fluxo e da matriz energética e das matérias-primas usadas no processo produtivo (Weidema, 1993). Essa técnica está sendo muito utilizada para a avaliação ambiental de processos industriais, de modo a auxiliar no gerenciamento ambiental, reduzindo os impactos dos referidos processos (Gómez, 2000).

Setac (1993) enumera possíveis aplicações da ACV:

FIG. 1.2 *Relacionamento entre os subcomitês e os grupos de trabalho Fonte: Santos (1998).*

- desenvolvimento do planejamento estratégico;
- otimização, melhoria e projeto de produtos e processos;
- identificação de oportunidades de melhoria ambiental;
- auxílio ao estabelecimento de procedimentos comerciais ou especificações;
- suporte à auditoria ambiental e à minimização de resíduos;
- desenvolvimento do *marketing* ambiental;
- seleção de critérios para a rotulagem ambiental;
- definição de políticas públicas e privadas;
- auxílio às metodologias educacionais.

Instituições públicas podem usar a ACV para analisar e melhorar os sistemas de serviços públicos e para controlar a *performance* ambiental das indústrias. A tendência mundial é estabelecer licenças ambientais tanto para processos como para produtos, e a ACV será uma ferramenta importante para a construção, ampliação e manutenção de indústrias. Há também a possibilidade de modificações no sistema tributário mundial, com a taxação dos produtos de acordo com sua carga ambiental, que deve incidir durante todo o seu ciclo de vida (Helsink University of Technology, 1996).

1.3 Procedimentos para uma análise do ciclo de vida

A Fig. 1.3 mostra o inter-relacionamento entre as etapas de uma ACV. As principais partes são:
- Definição do escopo e dos objetivos;
- Análise do inventário;
- Análise de impactos;
- Interpretação.

A etapa inicial da ACV é a definição do escopo e dos objetivos, em que são delimitadas as condições de contorno, os objetivos e as limitações da análise, os processos envolvidos e o ciclo de vida do produto.

Após a definição do sistema do produto e do seu ciclo de vida, a ACV abrange a coleta de dados de entrada e saída do sistema, incluindo recursos, energia, produtos e vários aspectos ambientais de todos os processos envolvidos no ciclo de vida. Essa etapa é a análise de inventário. Os dados do inventário são agrupados para cada item, envolvendo todo o ciclo de vida do produto. A análise de inventário identifica a completa carga ambiental associada ao produto.

Na análise de impactos, a qual consiste de classificação, caracterização e normalização, as entradas e saídas identificadas no inventário podem ser classificadas de acordo com suas características, como um consumo de recur-

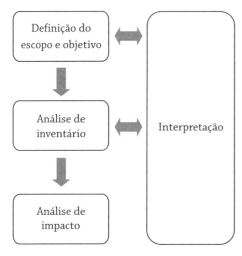

FIG. 1.3 *Etapas de uma análise do ciclo de vida*
Fonte: ISO 14040 (1997).

sos, uma contribuição a problemas ambientais ou a problemas de saúde humana. A caracterização dos impactos promove a definição de fatores de equivalência a cada entrada e saída, culminando na identificação do impacto potencial associado ao produto. Depois da caracterização, esses impactos podem ser normalizados pela comparação com os impactos anuais em alguma área relevante.

Em seguida, tem-se a etapa de interpretação ou avaliação, na qual os perfis dos diferentes produtos ou soluções são comparados. Essa avaliação subsidia a tomada de decisão para a escolha final.

1.3.1 Definição do escopo e dos objetivos

Para o posterior uso dos resultados da ACV, é essencial que as decisões que determinam qual tipo de ACV é desenvolvida sejam explicitadas na análise, definindo os objetivos e o escopo do estudo. Nenhuma ACV deve começar sem uma declaração explícita do objetivo do estudo.

O objetivo pode ser, por exemplo, para o departamento de vendas da empresa comparar vários produtos disponíveis no mercado para a mesma função, de modo a permitir a escolha daquele com a menor carga ambiental. Outro objetivo da ACV pode ser mostrar ao fabricante de um produto específico as principais cargas ambientais em todo o estágio de seu ciclo de vida, para minimizar a carga ambiental total do produto. A ACV pode também ser usada pelas autoridades para obter um entendimento geral da importância relativa dos diferentes estágios do ciclo de vida de um produto.

Dependendo do escopo do estudo, uma forma de comparação deve ser definida. Um princípio geral é o da comparação simétrica, ou seja, de produtos similares e que tenham o mesmo propósito.

Em algumas situações, pode ser relevante a alternativa da não fabricação de um produto. Essa alternativa raramente é utilizada pelas empresas para novos produtos; entretanto, deve ser analisada em serviços públicos que usam a ACV, como transporte público, produção de eletricidade ou grandes projetos de infraestrutura.

Com base na função do produto, define-se uma unidade funcional. Trata-se da unidade de diferentes produtos que será comparada na análise. Essa definição é correta para produtos de consumo imediato, mas frequentemente requer uma análise cuidadosa no caso de bens duráveis. A escolha da unidade funcional é muito importante para a comparação dos resultados da ACV de produtos alternativos, porque os resultados são dependentes dessa escolha que, portanto, deve ser criteriosa.

Em princípio, a ACV segue o fluxo de matéria e energia do sistema do produto. Na prática, o escopo deve ser limitado, ou seja, contornos do sistema têm que ser implantados entre o sistema estudado e o meio ambiente e entre outros sistemas de produto. Limitações devem ser documentadas para permitir a correta interpretação dos resultados da ACV.

Uma ACV requer grandes quantidades de dados. Para desenvolver um estudo completo de ACV, três diferentes tipos de dados devem ser coletados. Na análise de inventário, para descrever o balanço de massa e energia de todo o ciclo de vida do produto, devem-se coletar os dados do consumo de materiais e energia, bem como os dados de emissões dos processos do ciclo de vida. Esses dados são chamados de dados de processo e devem ser coletados, preferencialmente, em situações reais de operação. Na análise de impactos, são necessários os dados dos impactos de várias substâncias no meio ambiente. Esses dados são baseados em pesquisas em ciências ambientais, tais como a toxicologia e a ecologia. Finalmente, são utilizados os dados preferenciais que auxiliam a tomada de decisão e a interpretação dos resultados na etapa de avaliação da ACV.

Para estudos a serem publicados ou utilizados em decisões públicas, recomenda-se que a declaração de objetivos também inclua a identificação dos financiadores do estudo. Isso costuma ter um papel decisivo na determinação do escopo do estudo e pode também influenciar a qualidade dos dados. Estudo conduzido por Forde et al. (1994) ilustra essa situação. Encomendada por uma refinaria de petróleo, a análise avaliou os impactos ambientais gerados por três tipos de combustíveis: gasolina comum, gasolina aditivada e diesel. Concluiu-se que a gasolina aditivada é o combustível que possui menores emissões em comparação aos outros, durante a fase de produção. Entretanto, no escopo do estudo e na definição da unidade funcional, não se levou em conta a fase de combustão dos combustíveis, o que poderia alterar o resultado final, pois o diesel emite mais poluentes durante a combustão.

A parte central da ACV é a definição e delimitação perfeita do sistema analisado, incluindo:

- descrição detalhada do ciclo de vida do produto e dos contornos entre o sistema do produto e o meio ambiente;
- árvore de processo, apresentando o produto como uma série de processos;

- especificação de processos individuais;
- especificação de fontes de energia.

A definição do sistema analisado deve explicitar quais partes do ciclo de vida do produto não serão consideradas, com as respectivas justificativas. O objetivo principal, quando se define os contornos do sistema, é incluir no sistema as atividades relevantes de acordo com o propósito do estudo. Portanto, segundo Tillman et al. (1994), a escolha dos contornos do sistema deve estar estritamente relacionada com a definição dos objetivos.

1.3.2 Ciclo de vida de um produto

A Fig. 1.4 mostra os estágios do ciclo de vida de um produto, envolvendo desde a extração de matérias-primas até a disposição final. Cada estágio recebe materiais e energia e produz materiais para o próximo estágio e emissões para o meio ambiente.

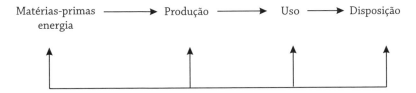

FIG. 1.4 *Ciclo de vida de um produto*
Fonte: Helsink University of Technology (1996).

Extração das matérias-primas

Esse estágio inclui a extração de todos os materiais envolvidos em todo o ciclo de vida do produto. Basicamente, o inventário para a extração de matérias-primas deve incluir também as matérias-primas para a produção das máquinas envolvidas na manufatura do produto ou em outro estágio do ciclo de vida, bem como a produção da energia usada em todos os estágios. Os maiores problemas ambientais do ciclo de vida do produto estão frequentemente associados à não utilização desses dados. A decisão sobre o que incluir ou excluir na ACV deve ser baseada em uma análise de sensibilidade.

Produção

O estágio de manufatura abrange todos os processos envolvidos na conversão de matérias-primas no produto considerado na ACV. Além do processo de produção da planta onde é feito o produto, deve-se incluir a produção de materiais auxiliares e componentes de outras plantas.

Transporte

O transporte deve ser caracterizado como a condução de materiais ou energia entre as diferentes operações em várias localidades. Além do transporte propriamente dito, deve-se incluir a produção de materiais de embalagem. O estágio do transporte pode incluir uma parte da carga ambiental destinada a construir e manter o sistema de transporte.

Uso

O estágio de uso do produto é quando ele é colocado em serviço e operação. Essa etapa começa depois da distribuição do produto e finaliza quando o produto é descartado ou reciclado. Nesse estágio são analisados o consumo e as perdas de recursos decorrentes da manutenção ou do uso do produto.

Gerenciamento dos resíduos

Os resíduos são gerados em cada fase do ciclo de vida do produto. O gerenciamento deve envolver os seguintes processos alternativos:
- reúso;
- reciclagem;
- incineração;
- compostagem;
- tratamento de efluentes;
- disposição em aterros.

Cada uma dessas formas de tratamento deve ser considerada levando-se em conta o consumo de recursos a ela associado. A carga ambiental e a possível geração de energia ou de materiais serão uma entrada para o processo de manufatura desse produto ou de outros produtos.

Na ACV, a disposição dos resíduos em um aterro deve ser considerada como um processo do ciclo de vida do produto, tendo suas entradas e saídas.

1.3.3 Árvore de processo para um produto

Na ACV, o sistema do produto é considerado como sendo composto de uma série de processos, cada um deles associado com entradas e saídas.

Os processos são tratados como subsistemas, para os quais entradas e saídas podem ser analisadas. As entradas são materiais e energia, e as saídas são produtos e emissões para o ambiente. A árvore de processo é um diagrama com todos os processos e suas interconexões, e a soma de todas as entradas e saídas constitui o inventário do ciclo de vida do produto.

Uma árvore de processo pode ser construída para cada estágio do ciclo de vida. A árvore de processo para todo o ciclo de vida do produto envolve:

- definição dos contornos entre o sistema do produto e outros sistemas de produto ou o meio ambiente;
- decisão sobre qual processo do ciclo de vida será considerado na análise;
- decisão sobre o nível de detalhamento do estudo.

Descrição detalhada dos processos

Para descrever os processos considerados na análise, é necessário decidir qual tipo de dado deverá ser coletado como entrada e saída para o inventário do processo, sendo cada um tratado como um subsistema.

A especificação dos processos envolve a opção pelo uso de dados específicos locais ou de dados regionais e de mercado representativos, e uma decisão sobre o nível tecnológico a ser considerado. Pode-se utilizar a pior tecnologia disponível, uma tecnologia mediana ou a melhor tecnologia disponível ou possível. Nessa fase também se deve determinar o nível de detalhamento para a condução do estudo.

Se a ACV é conduzida para subsidiar decisões durante o desenvolvimento de um novo produto menos impactante ambientalmente, deve-se considerar a tecnologia atual ou a tecnologia que será usada na planta. Porém, se o propósito da ACV é desenvolver critérios para a rotulagem ambiental dos produtos, devem-se considerar todos os níveis tecnológicos utilizados dentro de uma região. Os critérios seriam baseados na utilização da melhor tecnologia e o rótulo seria conferido aos produtos com melhor *performance* ambiental.

Descrição detalhada das fontes de energia

Diferentes estágios do ciclo de vida do produto utilizam energia, que é produzida externamente, sobretudo na forma de eletricidade. Para muitos produtos, as emissões causadas pela produção da energia utilizada constituem uma considerável parte da carga ambiental total. Por isso, é importante explicitar a matriz energética usada no cálculo dessas emissões, no caso de avaliação de produtos.

1.3.4 Inventário do ciclo de vida

A análise de inventário objetiva quantificar as entradas e saídas dos contornos do sistema. O resultado de um inventário é uma longa lista das necessidades de materiais e energia, dos produtos e subprodutos gerados, bem como dos resíduos e das emissões para o ar, o solo e a água. Essa lista é chamada de "balanço de materiais e energia" ou "ecobalanço".

O inventário da ACV identifica e quantifica o fluxo de energia e materiais que atravessa o contorno do sistema. Primeiramente, deve-se determinar a saída do processo que será fixada como unidade funcional. Em seguida, as relações entre as entradas e saídas de dois processos sucessivos vão determinando todas as outras entradas e saídas. O ecobalanço de um processo é a soma de todos os fluxos que entram e saem pelos contornos do processo. O ecobalanço total é a soma de todos os fluxos que atravessam o contorno do sistema. Os dados de mesma natureza de todos os fluxos devem ser agregados. Durante os cálculos, deve-se observar a coerência entre os valores de entradas e saídas, de modo a garantir a boa qualidade dos dados coletados.

Após a definição precisa do sistema em análise, faz-se uma análise do potencial de contribuição aos efeitos ambientais, na forma de impactos ambientais, consumo de recursos e impactos nas condições de trabalho associados ao ciclo de vida do produto.

A análise é baseada em um inventário completo de entradas e saídas de todos os processos envolvidos em cada estágio da vida do produto, identificando a carga ambiental completa. As entradas e saídas podem ser agregadas dentro de cada estágio do ciclo de vida ou pelo ciclo de vida inteiro, de acordo com os objetivos do estudo. A compilação dos dados do inventário visa relatar as entradas e saídas dos diferentes processos do ciclo de vida do produto. A análise seguinte avalia os efeitos ambientais do ciclo de vida do produto.

Qualidade dos dados

A qualidade dos dados de processo é de suma importância para o inventário e, portanto, a escolha das fontes de informação deve ser criteriosa. O melhor caminho é utilizar dados primários, ou seja, dados medidos para o processo em questão, utilizando os equipamentos considerados na ACV. Isso também é válido para estudos conduzidos em outras regiões. Quando o estudo objetiva descrever uma situação média para um produto dentro de uma região, os dados devem ser coletados em plantas que representem os diferentes níveis de *performance* dessa região. Com isso, um peso médio pode ser encontrado.

Frequentemente não é possível conseguir dados primários de um processo. Nesse caso, será necessário utilizar dados secundários do mesmo tipo de processo da literatura. Recomenda-se que dados secundários sejam coletados de, pelo menos, cinco anos anteriores.

A otimização e o desenvolvimento acelerado de novas tecnologias industriais fazem com que os dados relativos às emissões ambientais tornem-se rapidamente obsoletos ou descrevam o processo com a pior tecnologia disponível no mercado. Portanto, os dados secundários devem ser oriundos de processos semelhantes ao sistema estudado.

Em algumas situações, pode não ser possível obter dados quantitativos para um processo, e uma descrição qualitativa deve ser incluída no inventário. Dados qualitativos promovem muitas dificuldades na etapa de avaliação da ACV. Entretanto, a ausência de dados é ruim, e a pior solução é não utilizar dados de qualquer espécie.

Dados importantes são, muitas vezes, confidenciais. Nas ACVs para uso interno, isso não é empecilho; porém, naquelas para uso externo, o acesso ao público pode sofrer limitações. Há uma grande necessidade para o acesso público de bases de dados contendo dados recentes de boa qualidade e relevância para inventários de ACV. Tais bases de dados devem ser estabelecidas e continuamente atualizadas pelas diferentes organizações comerciais e produtivas e pelas instituições governamentais.

O acesso público às bases de dados de ACVs tem os propósitos de facilitar o uso e o controle da ferramenta de ACV e de tornar os resultados de ACVs mais reprodutíveis. Por outro lado, a utilização de dados de acesso público previne diferenças entre os produtos avaliados em ACVs.

Regras gerais para a garantia da qualidade dos dados para o inventário recomendam o uso de (Helsink University of Technology, 1996):
- dados mais recentes;
- dados primários, quando possível;
- dados secundários somente quando os primários não são possíveis;

• dados quantitativos, quando possível.

O controle dos dados deve ser feito com o uso de balanços de massa e energia para todos os processos ou comparando os dados com os de outras fontes na literatura.

A ACV deve conter a fonte de dados utilizada. Se possível, deve-se fazer uma estimativa da precisão e variação dos dados. Quando são utilizados dados secundários ou qualitativos, recomenda-se uma análise de sensibilidade, em que vários cálculos são realizados no inventário usando os valores extremos possíveis, de modo a avaliar sua exatidão.

Análise de sensibilidade

Uma regra geral para a coleta de dados para o inventário é que ela deve limitar-se às atividades que causam contribuições significativas no ciclo de vida completo.

Um exemplo do uso da análise de sensibilidade é a decisão de considerar ou não a produção de bens utilizados para a manufatura de um produto. Em primeira análise, os contornos do sistema incluem esses bens, mas excluem seu processo de produção. Em todos os estágios do ciclo de vida, deve-se avaliar a necessidade de inclusão do processo de produção dos bens necessários para a manufatura do produto (Chehebe, 1998).

O uso da análise de sensibilidade deve ser uma parte integrada da construção da árvore de processo, da descrição dos processos e da elaboração do inventário do ciclo de vida. Ela auxiliará a identificar os aspectos que são significantes para o resultado final do estudo.

Alocação de impactos

Um processo gera produtos e subprodutos, e a grande dificuldade é separar os impactos pelos produtos dentro do processo. O problema de alocação entre produtos e subprodutos é quase inevitável quando se consideram processos industriais, nos quais muitos produtos e subprodutos são gerados a partir das mesmas matérias-primas e com a emissão dos mesmos tipos de resíduos.

A solução sugerida para a alocação de impactos é ter como base a determinação do peso, do conteúdo energético ou do valor dos produtos individuais. Entretanto, essa escolha depende muito do tipo de produto analisado.

Problemas na alocação de impactos também aparecem em inventários de ciclos de vida envolvendo reciclagem aberta ou fechada. A reciclagem aberta é mais problemática, porque o produto reciclado é utilizado como matéria-prima para um ou mais produtos diferentes de outros sistemas de produtos.

1.3.5 Análise de impactos

Setac (1993) define a etapa de análise de impactos como um processo técnico qualitativo e quantitativo para caracterizar e avaliar os efeitos das cargas ambientais identificadas no inventário ambiental.

O resultado do inventário é uma lista extensa de entradas e saídas de diversas variáveis. Na ACV, normalmente é feita uma comparação dessas listas. Entretanto, o resultado é mensurável somente quando todas as listas têm exatamente as mesmas entradas e uma das alternativas se apresenta melhor que as outras, o que raramente acontece. Em razão disso, desenvolveram-se métodos para avaliar diferentes listas de inventário.

O método para interpretação do ecobalanço com maior aceitabilidade é a utilização de categorias de impactos e fatores de equivalência. Nesse método, os efeitos ambientais potenciais do produto em um número de categorias de impacto que representam os problemas ambientais globais são quantificados pelos fatores de equivalência. Há sugestões para as categorias de impacto e a operacionalização dos fatores de equivalência. No caso das categorias de impacto, existe um consenso de que sejam definidas em três tipos de problemas ambientais:
- consumo de recursos;
- impactos à saúde humana;
- impactos ecológicos.

Dentro desses problemas ambientais, recomendam-se treze categorias de impacto, de acordo com a disponibilidade de dados (Lindfors et al., 1995):
- consumo de recursos: energia e materiais;
- consumo de recursos: água;
- consumo de recursos: terra, incluindo terras alagadas;
- saúde humana: impactos toxicológicos, excluindo o ambiente de trabalho;
- saúde humana: impactos não toxicológicos, excluindo o ambiente de trabalho;

- saúde humana: impactos no ambiente de trabalho;
- impacto ecológico: aquecimento global;
- impacto ecológico: destruição da camada de ozônio;
- impacto ecológico: acidificação;
- impacto ecológico: eutrofização;
- impacto ecológico: formação de oxidantes fotoquímicos;
- impacto ecológico: impactos ecotoxicológicos;
- impacto ecológico: alterações de hábitats e impactos na diversidade biológica.

A seleção e a definição de categorias de impacto podem conter categorias tradicionais, como aquecimento global e acidificação, e outras que representam temas específicos para os tomadores de decisão (Setac, 1998).

A análise de impactos objetiva converter o ecobalanço do produto em efeitos ambientais potenciais e consiste das fases de classificação, caracterização e normalização. A classificação e a caracterização devem ser objetivas e baseadas em conhecimento científico. O resultado é uma estimativa quantitativa dos efeitos ambientais potenciais para o produto estudado em todo o seu ciclo de vida, chamada de perfil ecológico do produto. A normalização objetiva comparar diversas variáveis em um contexto mais mensurável, relacionando os efeitos ambientais totais em uma área geográfica de maior interesse, por exemplo.

Classificação

Na classificação, cada item do inventário é classificado segundo tenha efeito em um ou mais problemas ambientais ou categorias de impacto. Como exemplo, a emissão de óxidos de nitrogênio tem efeito no aquecimento global e na acidificação, sendo classificada nessas duas categorias de impacto.

Nessa etapa, os impactos são incluídos nas áreas gerais de proteção ambiental, dentro das quais são selecionadas categorias de impacto ambiental. Quando se definem tais categorias, o foco deve estar nos processos ambientais envolvidos, porque isso permite basear a análise de impactos em conhecimento científico relacionado a esses processos (Setac, 1993).

As categorias de impacto que representam os processos ambientais devem ser selecionadas abrangendo as escalas local, regional e global.

Caracterização

Na caracterização, o efeito de cada item em cada categoria de impacto é quantificado por meio de fatores de equivalência, também chamados de fatores de caracterização. A estimativa do efeito potencial do produto estudado na categoria de impacto é calculada multiplicando-se a quantidade de cada item em uma categoria de impacto específica pelo fator de equivalência, resultando o somatório dessas multiplicações. Os fatores de equivalência devem ser determinados com base em conhecimento científico. O número obtido é o valor do indicador da categoria de impacto ambiental utilizada, que pode ser transformado em índice ambiental adimensional. Essa alocação em categorias de impacto ambiental utilizando fatores de equivalência é denominada perfil ambiental.

A limitação de conhecimento dos efeitos de várias substâncias pode tornar difícil a execução das fases de classificação e caracterização. Cada estudo de ACV segue as mesmas etapas, e pode-se utilizar o conhecimento cumulativo sobre a natureza e a quantidade dos efeitos ambientais para várias substâncias. Entretanto, à medida que aumente o conhecimento dos efeitos de diferentes substâncias em várias categorias de impacto, deve haver constante atualização das regras de classificação e dos fatores de equivalência.

Normalização

A normalização do perfil ambiental é considerada uma etapa opcional, cujo objetivo é converter os números em uma forma mais didática, de modo a aumentar a comparabilidade dos dados das diferentes categorias de impacto. A base para a normalização poderia estar vinculada aos efeitos dentro de uma determinada região, em um determinado período de tempo. Por exemplo, se o objetivo é desenvolver a legislação de um país, a base para a normalização em cada categoria de impacto seria o total de impactos nesse país durante um ano. O problema com essa aproximação é que quase sempre os índices da normalização tornam-se muito pequenos, e pode haver dificuldades na interpretação dos resultados.

1.3.6 Interpretação

Interpretação ou avaliação é a etapa na qual são conferidos pesos aos indicadores ou índices das diferentes categorias de impacto, de modo a permitir uma comparação entre eles. O objetivo dessa etapa é chegar a uma melhor interpretação e agregação dos dados da análise de impactos. Além disso, a colocação de pesos para as categorias de impacto é um procedimento de delimitação de valores baseado em uma análise do dano ambiental relativo. Essa análise pode ser baseada em informações sobre valores e preferências sociais. A interpretação difere das etapas anteriores porque muitas vezes é subjetiva, e os resultados são afetados pelas escolhas dos tomadores de decisão e pelas circunstâncias em que a decisão é aceita.

Essa etapa inclui também a análise de melhoria, na qual são identificadas e avaliadas as opções para reduzir impactos ou cargas ambientais do sistema em estudo. A análise de melhoria lida com a identificação, avaliação e seleção de opções para melhorar o desempenho ambiental de produtos e processos.

A etapa de interpretação é um problema típico de tomada de decisão multicriterial, em que os tomadores de decisão selecionam a melhor alternativa de produto ou rota de processo. Essa decisão requer informações acerca da importância relativa de vários atributos, aos quais são atribuídos pesos. Fatores de equivalência usados na caracterização não devem ser confundidos com os pesos para as categorias de impacto usados na avaliação.

Fatores de equivalência são baseados em pesquisa científica e indicam a nocividade relativa de uma substância, em comparação com alguma substância de referência, representando e operacionalizando os dados do inventário ambiental. O peso das categorias de impacto, por outro lado, deveria descrever a importância relativa dessas categorias, traduzindo-se em valores de julgamento obtidos em situações de tomada de decisão.

A definição de pesos é o processo no qual é feita a conversão dos resultados dos indicadores utilizando-se fatores numéricos baseados em escolhas de valores. Isso pode incluir a agregação de resultados de índices construídos a partir de indicadores (Guinée, 1998). Dois procedimentos podem ser utilizados para a aplicação de pesos: a conversão dos resultados dos indicadores com fatores de pesos selecionados ou a agregação dos resultados de índices de cada categoria de impacto.

As normas ISO sobre ACV explicitamente mencionam o fato de que a definição de pesos é baseada em escolha de valores e não em ciência natural. Recomenda também que a aplicação e o uso dos métodos de definição de pesos devem ser consistentes com o objetivo e o escopo do estudo de ACV. Organizações e sociedades podem ter diferentes valores e, portanto, diferentes pesos podem ser definidos para um mesmo indicador. Finalmente, a ISO recomenda que todos os métodos de definição de pesos utilizados devem ser documentados para promover a transparência dos resultados do estudo.

Os métodos de definição de pesos para as categorias de impacto ambiental podem ser classificados em cinco grupos (Itsubo et al., 2000):

- votação;
- tecnologia;
- monetarização;
- distância de um objetivo;
- consulta a especialistas.

Hauschild et al. (1998) afirmam que os pesos contêm elementos científicos e normativos, e que não é possível fazer uma distinção entre ambos, contrariando a ISO. Lindeijer (1996) e vários outros autores estabelecem que a definição de pesos é uma etapa importante na ACV e concluem que um conjunto de pesos genéricos, incluindo preferências sociais, poderia formar uma ponte entre pesos de casos específicos e pesos genéricos. Lindfors et al. (1995) discutem e testam alguns métodos de estabelecimento de pesos, e recomendam utilizar não apenas um, mas muitos métodos. Afirmam também que nunca haverá consenso sobre um método de definição de pesos genéricos, porque não há um consenso social em valores fundamentais que influencie a escolha do método de avaliação. Portanto, vários métodos deverão ser desenvolvidos simultaneamente.

Em todos os métodos, são construídos índices simples que representam e igualam os valores dos impactos das categorias de impacto ambiental. O resultado final do índice ambiental será um número adimensional (Itsubo et al., 2000).

1.3.7 Métodos de definição de pesos para os indicadores e as categorias de impacto ambiental

Apresentam-se a seguir, sucintamente, alguns métodos de definição de pesos para as categorias de impacto ambiental, após a obtenção do perfil ambiental pela alocação dos dados do inventário ambiental. Essas metodologias foram desenvolvidas especificamente para estudos de ACV de produtos ou processos (Guinée, 1998).

Swiss Critical Volumes Approach

Esta foi uma das primeiras metodologias desenvolvidas para estudos de ACV, no início da década de 1980. Durante a etapa de classificação, os dados do inventário são alocados nas categorias: geração de resíduos sólidos, emissões para o ar, emissões para a água, emissões para o solo e consumo de energia. Na etapa de classificação, calcula-se o volume crítico de cada substância dividindo a emissão pelo padrão de qualidade correspondente. O volume crítico total é obtido pelo somatório dos volumes críticos individuais do sistema estudado. Esse método tem como vantagem a facilidade de manipulação de grande quantidade de dados, mas não leva em conta problemas globais, como a destruição da camada de ozônio e o aquecimento global.

Dutch Problem Oriented Approach

Este método, desenvolvido em 1992, utiliza as seguintes categorias de impacto ambiental:

- Consumo de recursos: abióticos, bióticos e uso da terra;
- Poluição: aquecimento global, diminuição da camada de ozônio, formação de oxidantes fotoquímicos, toxicidade humana, ecotoxicidade, acidificação, eutrofização, radiação, dispersão de calor, ruído, odor e ergonomia;
- Distúrbios: degradação do ecossistema físico.

Cada dado do inventário é alocado em uma ou mais categorias de impacto e, pela conversão em compostos equivalentes, obtém-se o perfil ambiental. Os pesos de cada categoria são recomendados apenas para casos específicos, não sendo parte integrante desse método.

Danish Environmental Design of Industrial Products (EDIP)

Esta metodologia é similar à anterior e utiliza as imposições ambientais anuais da sociedade para definir pesos para as categorias de impacto. Com relação às categorias globais, utiliza o impacto global total como valor de normalização, e para as outras, utiliza valores da sociedade holandesa.

Environmental Priority System (EPS)

Este método é baseado em economia ambiental, classificando as emissões ambientais nas seguintes categorias de impacto: recursos, saúde humana, valores estéticos, resiliência de ecossistemas e produtividade de ecossistemas. Cada categoria possui subcategorias, totalizando 37 assuntos cobertos pelo estudo. Os pesos de cada categoria são determinados em termos da disposição da sociedade em pagar pela restauração de um dano ambiental.

Dutch Ecoindicator 95 e Environmental Theme

Estes métodos utilizam a distância a um objetivo para determinar os pesos de cada categoria de impacto. Os pesos são determinados com base na taxa entre a contribuição atual a um problema durante um ano e o nível em que nenhum efeito seria observado para uma substância. Os valores são normalizados com dados europeus, incluindo a coleta de informações com especialistas.

Müller-Wenk Method

Esta metodologia avalia as categorias: saúde humana, saúde ecológica e recursos. Ela leva em conta não apenas a magnitude de um dano ambiental decorrente de uma emissão particular ou do consumo de algum recurso, mas também outras características do sistema, tal como a reversibilidade dos efeitos. Trata-se de uma metodologia nova e ainda em desenvolvimento.

Swiss Ecopoints Methodology

Também conhecida como Environmental Scarcity Method, esta metodologia atrela a escassez ambiental à escassez econômica, relacionando a diferença entre consumo e demanda com a capacidade de absorção ambiental. Ela leva em conta seis tipos diferentes de emissão e extração: emissões para o ar, emissões para a água, uso de energia, cobertura do solo, deposição de resíduos e ruído.

Para cada tema ambiental dentro dos tipos de emissão, determinam-se um fluxo crítico e um período de tempo específico para o país em questão. Um ecofator para uma substância é calculado com base no fluxo crítico e, portanto, uma avaliação ambiental é feita de acordo com a relação entre o fluxo atual e o fluxo crítico da substância. Um índice ambiental é calculado pelo somatório do produto de todas as emissões por seus respectivos ecofatores. Os ecofatores estão disponíveis para a Suíça, a Holanda e a Suécia.

Unilever's OBIA Approach

O método Unilever's Overall Business Impact Assessment (OBIA) associa os impactos ambientais potenciais com os negócios globais. Os dados do inventário são agrupados nas seguintes categorias de impacto: aquecimento global potencial, diminuição da camada de ozônio potencial, acidificação potencial, eutrofização potencial, formação de oxidantes foto-químicos potencial, consumo de energia e produção de resíduos sólidos. A normalização e a avaliação pela definição de pesos não são consideradas no modelo. Os impactos de cada categoria são expressos como impactos por lucro líquido de vendas.

Os impactos das atividades da Unilever são avaliados pela compa-ração com os impactos da economia mundial. Os impactos globais são compilados e agregados nas mesmas categorias de impacto e expressos com base no produto doméstico bruto global.

NOGEPA Methodology

Esta metodologia foi desenvolvida pela Netherlands Oil and Gas Exploration and Production Association (NOGEPA), e as opções de inves-timento são orientadas pelo custo ambiental associado. Um painel com 26 integrantes, envolvendo pessoas do governo, empresas e universidades, reúne-se para estabelecer um julgamento quantitativo da relevância de alguns efeitos ambientais associados com as emissões holandesas.

O horizonte de tempo adotado é de 20 a 50 anos, assumindo que os níveis de emissão permaneceriam os mesmos. As categorias avaliadas no estudo são a diminuição de recursos abióticos, toxicidade humana, ecoto-xicidade, aquecimento global, acidificação, eutrofização, formação de oxidantes fotoquímicos e diminuição da camada de ozônio.

Tellus Methodology

O Instituto Tellus desenvolveu um sistema de avaliação baseado na emissão de poluentes atmosféricos, em que há uma análise dos custos de controle e redução das emissões. Os poluentes envolvidos no sistema de avaliação são CO, NO_x, SO_x, compostos orgânicos voláteis, material parti-culado e chumbo.

O custo de controle para o chumbo é adotado como referência para avaliar os outros poluentes. O foco principal é a emissão de substâncias atmosféricas que afetam a saúde humana. Esta metodologia pode ser utili-zada para auxiliar outras metodologias de avaliação.

ICI Environmental Burden Approach (EB)

A metodologia EB visa medir os impactos ambientais potenciais das emissões pela determinação de quais resíduos e emissões são mais significativos em termos de impacto ambiental. Ela é usada para comparar a *performance* ambiental durante um período de tempo, comparar fontes de emissão ou estabelecer possibilidades de melhoria.

Calcula-se o potencial de um grupo de substâncias em uma emissão que causa um efeito em uma categoria de impacto ambiental. Os fatores ambientais refletem o potencial de cada emissão que tem um impacto dentro de uma categoria. Entretanto, não há uma comparação das emissões equivalentes de cada categoria de impacto ambiental. São avaliadas as categorias: acidificação, aquecimento global, efeitos à saúde humana, diminuição da camada de ozônio, formação de oxidantes fotoquímicos, demanda aquática de oxigênio e ecotoxicidade da vida aquática.

Dow Chemical Approach

Este método é similar à metodologia EB, envolvendo o cálculo de impactos equivalentes. Utiliza, porém, as seguintes categorias de impacto: aquecimento global, diminuição da camada de ozônio, acidificação, formação de oxidantes fotoquímicos, eutrofização, dispersão de substâncias tóxicas e aterramento de resíduos. As categorias são comparadas entre si pela associação dos impactos equivalentes com a distância a um objetivo ambiental proposto.

European Uniform System for the Evaluation of Substances (EUSES)

Esta metodologia foi desenvolvida para uso em análise de risco, preferencialmente à análise de impacto do ciclo de vida, e é associada com a emissão de substâncias tóxicas.

O princípio dessa técnica é a comparação dos resultados de uma análise da exposição e uma análise do efeito com base em estudos de dose-resposta. As comparações são feitas pelo cálculo da taxa de caracterização do risco para cada substância, definida como a taxa entre a concentração de exposição prognosticada e a concentração de risco zero. Fatores de caracterização foram desenvolvidos para 100 substâncias, abrangendo a toxicidade humana e ecológica.

Potentially Affected Fraction (PAF)

Este método estima o efeito de ecotoxicidade potencial para concentrações conhecidas de substâncias emitidas para o meio ambiente. O PAF de uma substância é definido como a fração das espécies expostas à concentração de risco zero de uma substância em um compartimento ambiental.

Esta técnica considera somente os impactos ecotoxicológicos e assume que não há interações entre os efeitos de diferentes substâncias, pois pouco ainda se conhece sobre isso.

ExternE Methodology

O objetivo deste método é quantificar os impactos ambientais e à saúde decorrentes do uso de energia e seus custos associados, de maneira a subsidiar decisões políticas com relação à seleção de combustíveis e utilização energética. Também auxilia a União Europeia no desenvolvimento de mecanismos de preços apropriados.

É feita a caracterização do ciclo de vida de cada combustível, abrangendo os estágios de extração, construção da unidade de processamento, produção, transporte e geração de energia. Em cada estágio são coletados dados de emissões ambientais, que são alocados nas categorias: doenças respiratórias, ruído, intrusão visual, acidificação e impactos no ambiente aquático. Finalmente, é feita uma avaliação econômica dos impactos e a identificação dos custos externos associados.

BPEO Methodology

Esta metodologia, definida como a melhor opção ambiental praticável, foi desenvolvida para avaliar processos pela comparação das concentrações das substâncias emitidas e das concentrações máximas permitidas que não causam dano à saúde humana e aos ecossistemas.

A principal categoria avaliada é a toxicidade, tanto humana como ecológica. Porém, avaliam-se também as categorias aquecimento global potencial, formação de oxidantes fotoquímicos potencial, odor e geração de resíduos sólidos. Um índice ambiental integrado é calculado pela agregação resultante do somatório dos impactos de todas as substâncias em todos os compartimentos ambientais. Os pesos de cada categoria são obtidos pelo julgamento de especialistas.

Total Environmental Potency Index (TEPI)

Esta metodologia é uma tentativa de adaptar as técnicas de ACV para avaliar a *performance* ambiental de uma empresa. O índice é obtido pela caracterização das emissões de um ou vários processos de uma empresa e a alocação nas categorias: aquecimento global; diminuição da camada de ozônio; toxicidade humana, aquática e terrestre; formação de oxidantes fotoquímicos; acidificação; eutrofização; geração de resíduos e degradação de área.

Os índices individuais de cada categoria são somados e agrupados em um índice único, assumindo-se que os pesos de cada categoria são os mesmos.

1.4 Relação entre as normas de ACV e a norma ISO 14031

Vários autores destacam a avaliação do desempenho ambiental de processos como um dos objetivos da ACV. Porém, encontra-se em desenvolvimento pela ISO a norma ISO 14031 - Avaliação do Desempenho Ambiental, que tem uma estreita relação com as normas de ACV, pois indica categorias de impacto ambiental para avaliar a performance ambiental das empresas.

Segundo a norma ISO 14031, a informação sobre o desempenho ambiental das organizações pode ser convertida em indicadores simples e de fácil utilização, selecionados com base nos aspectos ambientais significativos e nos critérios de desempenho ambiental das empresas. Esses aspectos ambientais significativos devem ser determinados considerando os requisitos legais aplicáveis.

Vários estudos de ACV também adotaram o uso de indicadores para avaliar a *performance* ambiental. Condições ambientais locais, regionais e globais podem ser consideradas quando uma organização seleciona indicadores de acordo com os seguintes critérios:

- representatividade: a informação contida em um indicador deve ser representativa da *performance* ambiental;
- resposta a mudanças: o indicador deve ser sensível a mudanças na *performance* ambiental e deve refleti-las em um período razoável de tempo;
- auxílio a previsões: o indicador deve prover informação sobre tendências futuras da *performance* ambiental;
- entendimento: o indicador deve ser simples, claro, de fácil uso e atender às expectativas dos usuários;
- relevância: o indicador deve prover informação relevante para as necessidades da organização e das partes interessadas;

- custo-eficiência: o indicador deve ser eficiente em relação ao custo de obtenção e utilização dos dados;
- relação com um objetivo: o indicador deve permitir comparação com um objetivo de desempenho ambiental a ser atingido;
- comparabilidade: o indicador deve permitir uma comparação a qualquer tempo e com outras organizações e locais.

A norma ISO 14031 visa avaliar a *performance* ambiental das organizações, selecionando indicadores para as áreas gerencial, operacional e ambiental. Para a área ambiental, ela exemplifica indicadores, mas permite às empresas selecionarem aqueles que lhes sejam mais pertinentes. Citam-se os seguintes indicadores:
- acidificação;
- uso da terra;
- ecotoxicidade;
- eutrofização;
- formação de oxidantes fotoquímicos;
- destruição da camada de ozônio;
- aquecimento global.

Portanto, são as mesmas categorias utilizadas em muitos estudos de ACV. Tal como a ACV, a avaliação do desempenho ambiental também prevê o uso de pesos e a agregação de valores, de modo a permitir uma comparação entre os vários indicadores. A principal diferença entre elas reside no fato de que as normas de ACV, além de avaliarem produtos, também avaliam processos, e a norma ISO 14031 avalia o desempenho ambiental da organização, incluindo indicadores para as áreas gerencial, operacional e ambiental. Para a avaliação de processos, devem-se selecionar indicadores ambientais relativos aos aspectos ambientais significativos de cada processo e que tenham relação com os temas ambientais locais, regionais e globais.

1.5 *SOFTWARES* DE ANÁLISE DO CICLO DE VIDA

A análise do ciclo de vida é um processo para avaliar o consumo de recursos e as cargas ambientais associadas a um produto, processo, embalagem ou atividade. O processo de ACV envolve a identificação e quantificação da energia e dos materiais utilizados, bem como as emissões para o meio ambiente; a análise dos impactos decorrentes do uso desses materiais e energia e da emissão de resíduos; e a avaliação e implementação de oportunidades de melhoria dos aspectos ambientais.

Em anos recentes, a ACV tem sido aceita como uma ferramenta para múltiplos usos, tais como a rotulagem ambiental, a melhoria ambiental do produto, a concepção do projeto ambiental do produto, a avaliação ambiental de processos e a definição de políticas ambientais (Menke et al., 1996). À medida que a ACV vem sendo aceita, ocorre um maior desenvolvimento de *softwares* e bancos de dados para facilitar o uso dessa ferramenta, muitos dos quais estão disponíveis para compra.

Nos Estados Unidos e na Europa, foram identificados 37 *softwares* para análise do ciclo de vida (ver Quadro 1.1), os quais estão em vários estágios de desenvolvimento e uso. Quatro deles ainda não estão completamente desenvolvidos (EcoSys, EDIP, LCAD e SimaTool) e são denominados protótipos. Alguns foram desenvolvidos para indústrias específicas e não estão disponíveis comercialmente.

Atualmente não existem *softwares* de avaliação ambiental de indústrias metalúrgicas e que levem em conta a legislação ambiental brasileira. Os que estão disponíveis são importados e os pesos das categorias de impacto ambiental neles inseridos são estáticos, baseados em pesquisas de opinião e padrões europeus e americanos. Além disso, nenhum dos *softwares* citados possui uma metodologia para avaliação de processos industriais.

O *software* SAAP (Sistema de Avaliação Ambiental de Processos - versão 1.0) avalia as categorias de impacto ambiental utilizando dez indicadores ambientais para o processo em questão. Ele foi concebido com o objetivo de padronizar e facilitar o uso de uma metodologia para avaliar a *performance* ambiental de processos industriais com base nas normas de ACV e na norma ISO 14031. A partir dos indicadores são construídos índices ambientais para cada categoria de impacto, de acordo com o atendimento à legislação ambiental. Por fim, o *software* calcula o Índice de Pressão Ambiental (IPA), resultante da agregação dos outros índices por seus respectivos pesos. Diferentemente dos outros *softwares*, os pesos do SAAP são dinâmicos e variam conforme a pressão ambiental relativa de cada índice.

Avaliação Ambiental de Processos Industriais

QUADRO 1.1 *SOFTWARES* DE ANÁLISE DO CICLO DE VIDA

NOME	VENDEDOR	VERSÃO	CUSTO (1.000US$)	PAÍS
1. Boustead	Boustead	2	24	Europa
2. CLEAN	EPRI	2	14	EUA
3. CUMPAN	Un. Hohenheim	desconhecido	desconhecido	Alemanha
4. EcoAssessor	PIRA	desconhecido	desconhecido	Inglaterra
5. EcoManager	Franklin Assoc., Ltd.	1	10	Europa/EUA
6. ECONTROL	Oekoscience	desconhecido	desconhecido	Suíça
7. EcoPack2000	Max Bolliger	2.2	5,8	Suíça
8. EcoPro	EMPA	1	desconhecido	Suíça
9. EcoSys	Sandia/DOE	protótipo	desconhecido	EUA
10. EDIP	Inst. Prod. Dev.	protótipo	desconhecido	Dinamarca
11. EMIS	Carbotech	desconhecido	desconhecido	Suíça
12. EPS	IVL	1	desconhecido	Suécia
13. GaBi	IPTS	2	10	Alemanha
14. Heraklit	Fraunhofer Inst.	desconhecido	desconhecido	Alemanha
15. IDEA	IIASA	desconhecido	desconhecido	Europa
16. KCL-ECO	Fin. Paper Inst.	1	3,6	Finlândia
17. LCA1	P&G/ETH	1	desconhecido	Europa
18. LCAD	Battelle/DOE	protótipo	< 1	EUA
19. LCAiT	Chalmers Industri-teknik	2.0	3,5	Suécia
20. LCASys	Philips/ORIGIN	desconhecido	desconhecido	Holanda
21. LIMS	Chem Systems	1	25	EUA
22. LMS Eco-Inv. Tool	Christoph Machner	1	desconhecido	Áustria
23. Oeko-Base II	Peter Meier	desconhecido	desconhecido	Suíça
24. PEMS	PIRA	3.1	9,1	Europa
25. PIA	BMI/TME	1.2	1,4	Europa
26. Piussoecos	PSI AG	desconhecido	desconhecido	Alemanha
27. PLA	Visionik ApS	desconhecido	desconhecido	Dinamarca
28. REGIS	Simum Gmbh	desconhecido	desconhecido	Suíça
29. REPAQ	Franklin Assoc.	2	10	EUA
30. SimaPro	Pre' Consulting	3.1	3	Holanda
31. SimaTool	Leiden Univ.	protótipo	desconhecido	Holanda
32. Simbox	EAWAG	desconhecido	desconhecido	Suíça
33. TEAMÔ	Ecobalance	1.15 e 2.0	10	Europa/EUA
34. TEMIS	Oko-Institute	2	desconhecido	Europa
35. TetraSolver	TetraPak	desconhecido	desconhecido	Europa
36. Umberto	IFEU	desconhecido	desconhecido	Alemanha
37. Umcon	Particip Gmbh	desconhecido	desconhecido	Alemanha

Fonte: Menke et al. (1996).

1.6 Análise do ciclo de vida em uma perspectiva histórica

Os primeiros estudos em produtos e materiais agora reconhecidos como ACV foram realizados no final da década de 1960 e início da década de 1970, período em que se iniciou a discussão sobre eficiência do uso de energia, consumo de matérias-primas escassas e disposição de resíduos sólidos. Embora tivessem o foco em características energéticas, esses estudos incluíram estimativas de emissões de gases, líquidos e sólidos.

Em 1969, a Coca-Cola Company realizou um estudo de comparação de diferentes embalagens para sua bebida, cujo objetivo era determinar qual delas teria as menores emissões para o meio ambiente e o menor consumo de recursos naturais. No início dos anos 1970, realizaram-se aproximadamente 15 estudos semelhantes e uma metodologia padrão foi adotada.

De 1975 ao início da década de 1980, os estudos referentes à utilização energética perderam importância, mas os inventários ambientais continuaram a ser feitos e a metodologia, aperfeiçoada.

Em 1985, a Comunidade Econômica Europeia orientou suas empresas a monitorarem o consumo de energia e recursos naturais e a geração de resíduos na fabricação de seus produtos. A análise do inventário ambiental emergiu como uma ferramenta para avaliar problemas ambientais.

No final da década de 1980 e na década de 1990, foram desenvolvidos *softwares* para avaliação ambiental, com bancos de dados construídos a partir dos inventários. Segundo Weidema (1993), aproximadamente 50% dos estudos de ACV realizados foram para avaliar embalagens de produtos, 10% para produtos da indústria química e petroquímica e 10% para materiais de construção e geração de energia.

1.7 Estudos relevantes com a técnica de ACV

Um estudo realizado na Alemanha, em 1993, pelo Ministério do Meio Ambiente (German Federal Environment Ministry, 1993), comparou as emissões relacionadas à produção de quatro tipos de embalagens para leite e cerveja. Analisaram-se as emissões para o ar e para a água e o consumo de recursos naturais. Foi uma etapa importante para o desenvolvimento dessa técnica de avaliação ambiental.

Boguski et al. (1994) desenvolveram um modelo matemático para alocar em um inventário diversas alternativas de reciclagem. Foram discutidas várias possibilidades de contorno do sistema e desenvolvidas equações matemáticas para representar cada alternativa de reciclagem.

Baumann e Rydberg (1994) compararam três métodos diferentes de definição de pesos para a avaliação de um mesmo sistema: embalagens de leite na Suécia. Foram utilizados os métodos *ecological scarcity, environmental theme* e EPS, e obtiveram-se resultados semelhantes para todos.

Graedel et al. (1995) aplicaram um sistema de matrizes para simplificar a ACV. Segundo o estudo, o sistema de matrizes facilita a comparação de opções, além de ser conveniente visualmente. Esse sistema foi aplicado para avaliar o desempenho ambiental de automóveis das décadas de 1950 e 1990.

Azapagic e Clift (1995) aplicaram a programação linear para modelar uma ACV com o objetivo de analisar e gerenciar a *performance* ambiental de um sistema de produto. Para um processo com vários produtos, obteve-se uma função de impacto ambiental simples e, pelos métodos de programação linear, determinou-se o ponto ambiental ótimo e identificaram-se oportunidades de melhoria. Posteriormente, em 1999, aplicaram essa metodologia em uma indústria de fabricação de produtos de boro. Utilizaram-se nove categorias de impacto e foram identificadas oportunidades de melhoria da *performance* ambiental dessa unidade.

Caspersen (1996) utilizou as técnicas de ACV para calcular o consumo acumulado de energia na produção de aço inoxidável. Seu estudo, portanto, não avaliou categorias de impacto, mas seguiu as recomendações propostas para a avaliação.

Golonka e Brennan (1996) aplicaram a ACV para selecionar processos de tratamento de poluentes. Avaliaram-se as emissões de dióxido de enxofre de fundições de metais na Austrália, com a utilização de quatro categorias de impacto ambiental, cujos pesos foram adotados de estudos suecos e, portanto, eram baseados nos objetivos da política ambiental da Suécia.

Dohnomae et al. (1996) padronizaram uma metodologia para avaliar os impactos ambientais na empresa Nippon Steel Corporation. Eles coletaram os dados para o inventário ambiental dos processos de produção de aço e os alocaram nas categorias emissão de CO_2 e consumo de energia.

O International Iron and Steel Institute (IISI, 1996) estabeleceu um banco de dados mundiais para aplicação da ACV em indústrias siderúrgicas. Foram coletados dados de emissões e consumo de recursos de todos os processos de uma siderúrgica integrada. Determinou-se também o contorno do sistema para todos os processos que deveriam ser utilizados em análises do ciclo de vida.

Finkbeiner et al. (1997) analisaram vários processos de desengraxamento da indústria de processamento de metais por essa técnica. O foco central do estudo foi determinar a unidade funcional mais adequada a esse tipo de processo.

Tolle (1997) determinou fatores de normalização para 15 categorias de impacto ambiental de todos os estados componentes dos Estados Unidos. Esses dados auxiliarão os estudos de ACV a serem desenvolvidos em tal país.

Stone e Tolle (1998) realizaram uma ACV de recobrimentos de agentes químicos resistentes. Eles utilizaram categorias de impacto ambiental tradicionais e criaram categorias envolvendo custos de capital, operação e manutenção e avaliação de *performance* dos equipamentos de produção. Os pesos foram determinados por um processo hierárquico analítico baseado em preferências relativas dos tomadores de decisão.

Seppälä et al. (1998) avaliaram os impactos ambientais provocados pela indústria florestal na Finlândia. Utilizou-se uma consulta a especialistas para a determinação de pesos para as categorias de impacto ambiental avaliadas.

Chubbs e Steiner (1998) aplicaram a ACV no processo de fabricação de aço. Em conjunto com a American Iron and Steel Institute (AISI), desenvolveram um *software* e um banco de dados a partir de 40 empresas, com o objetivo de identificar um conjunto de critérios para comparação da *performance* ambiental.

Narita e Inaba (1998) utilizaram as técnicas de ACV para avaliar as emissões de CO_2 de produtos de aço, baseando-se em dados estatísticos. Foram comparados aços comuns, aços inoxidáveis e ferroligas. Considerou-se também que a produção do aço pode ser feita em usinas integradas e semi-integradas.

Spengler et al. (1998) desenvolveram um sistema de tomada de decisão multicriterial para análise ambiental da reciclagem na indústria siderúrgica. O sistema utiliza dados termodinâmicos, análise estatística e limites da legislação ambiental para avaliar processos industriais. Todavia, não aloca impactos nas respectivas categorias.

Van Zeijts et al. (1999) aplicaram essa técnica na rotação de culturas que utilizam fertilizantes químicos. Determinou-se no estudo a quantidade ideal de fosfato para as culturas de trigo, batata e cana-de-açúcar, que causam os menores danos ambientais.

Hassan et al. (1999) realizaram um inventário ambiental dos sistemas de disposição de resíduos sólidos na Malásia. Eles transformaram as emissões atmosféricas em dióxido de carbono equivalente e calcularam os custos relativos a cada sistema estudado.

Sangle et al. (1999) desenvolveram um método para identificar e avaliar aspectos sociais em cada categoria de impacto ambiental. Utilizando questionários, eles determinaram valores sociais e os agruparam em uma matriz, de acordo com as categorias de impacto locais, regionais e globais.

Schmidt e Beyer (1999) analisaram os impactos associados às baterias de automóveis. Eles utilizaram sete categorias de impacto e consideraram o sistema com as opções de disposição final em aterro, reciclagem e incineração.

Sharma (2000) aplicou a técnica de ACV na indústria de papel e celulose na Índia. Foram utilizadas nove categorias de impacto, das quais três consideraram aspectos sociais e econômicos. Um método matricial foi usado para agregar os valores de cada indicador selecionado.

Cybis e Santos (2000) utilizaram a ACV para avaliar os impactos associados à indústria da construção civil. Foram utilizadas sete categorias de impacto ambiental e uma normalização por fatores de emissões globais. Porém, não foram selecionados pesos para cada categoria de impacto.

Legarth et al. (2000) utilizaram o *software* EDIP para avaliar os impactos relativos ao ciclo de vida de um aparelho de ar condicionado. Selecionaram-se 15 categorias de impacto ambiental; os valores, porém, não foram agregados em um índice ambiental.

Capítulo II | Metodologia para avaliação do desempenho ambiental de processos industriais

Foi desenvolvida uma metodologia para avaliação do desempenho ambiental de processos industriais com base nas recomendações descritas pelas normas da série ISO 14000. Essa metodologia envolve todas as fases de uma análise do ciclo de vida: definição do escopo e dos objetivos, análise do inventário, análise de impactos e interpretação.

A seleção de categorias de impacto foi feita de acordo com a disponibilidade de bancos de dados e de fatores de equivalência, e segundo as recomendações da Setac (1998) e as normas da série ISO 14000. O modelo proposto permitirá a utilização de quantas categorias forem necessárias para a construção da melhor metodologia de avaliação ambiental aplicada a um processo industrial.

Pretende-se também reduzir o caráter de subjetividade dessa técnica na fase de interpretação. A normalização e a avaliação das categorias de impacto foram feitas com base em valores máximos de emissão e disponibilidade de recursos naturais, resultando no cálculo do índice de pressão ambiental (IPA).

A Fig. 2.1 mostra a estrutura do cálculo do impacto ambiental total pelo IPA, a partir dos elementos impactantes $(X_{i,j})$ e das categorias de impacto ambiental (CI_i). As Eqs. 2.1 e 2.2 apresentam o cálculo do valor do impacto ambiental da categoria de impacto ambiental CI_i (Seppälä, 1999).

$$V_i = \sum_{j=1}^{m} K_{i,j} . X_{i,j} \ (i = 1,...,n) \tag{2.1}$$

ou

$$V_i = \sum_{j=1}^{m} \sum_{i=1}^{n} K_{i,j} . X_{i,j} \tag{2.2}$$

onde:

V_i = valor normalizado do impacto ambiental da categoria CI_i;

$X_{i,j}$ = elemento impactante;

$K_{i,j}$ = fator de equivalência do elemento impactante $X_{i,j}$ na categoria de impacto ambiental CI_i.

O impacto ambiental total, representado pelo IPA, é calculado de acordo com a Eq. 2.3 (Seppälä, 1999):

$$IPA = \sum_{i=1}^{n} W_i . V_i \qquad (2.3)$$

onde:

IPA = índice de pressão ambiental;

W_i = peso da categoria de impacto ambiental CI_i;

V_i = valor normalizado do impacto ambiental da categoria CI_i.

A Eq. 2.4 mostra o cálculo do IPA em função dos elementos impactantes, dos fatores de conversão e dos pesos das categorias de impacto:

$$IPA = \sum_{i=1}^{n} W_i . (\sum_{j=1}^{m} \sum_{i=1}^{n} K_{i,j} . X_{i,j}) \qquad (2.4)$$

A partir dos dados do inventário ambiental, obtêm-se os valores dos elementos impactantes, que são alocados nas diversas categorias de impacto ambiental. Deve-se observar que um elemento impactante pode ser alocado em mais de uma categoria, como pode ser visto na Fig. 2.1. Como exemplo, óxidos de nitrogênio contribuem com as categorias acidificação e eutrofização. Nesse caso, a notação utilizada será $K'_{i,j}$. Os gases CFC contribuem tanto com a categoria efeito estufa como com a categoria destruição da camada de ozônio.

Como mostrado pela Eq. 2.4, o índice de pressão ambiental é calculado pelo somatório do produto entre os elementos impactantes, os fatores de equivalência e os pesos das categorias de impacto.

Frequentemente a etapa de julgamento de pesos possui um nível alto de subjetividade, envolvendo valores de julgamento obtidos em pesquisas de opinião com especialistas. A metodologia proposta inova por utilizar uma opção gráfica que representa a pressão ambiental de um processo, utilizando como base valores máximos de emissão e disponibilidade de

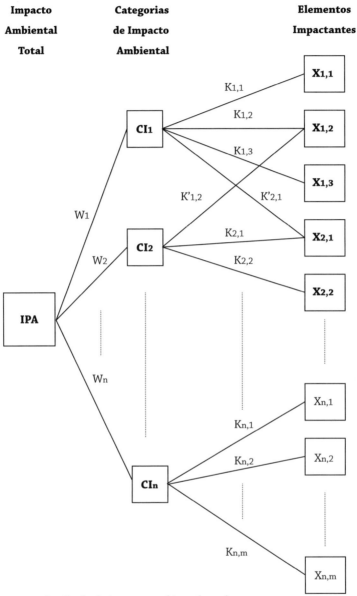

FIG. 2.1 *Estrutura de cálculo do impacto ambiental total*
Fonte: Seppälä (1999).

recursos naturais. Além disso, o valor do peso das diversas categorias de impacto ambiental será dinâmico, alterando em função da pressão ambiental relativa de cada categoria de impacto ambiental.

Dada a diversidade de informações que, em geral, é requerida para que se possa efetuar uma abordagem sistêmica de fenômenos ambientais, tem-se procurado, já há quase 150 anos, desenvolver formas de medir a qualidade ambiental. Essas formas baseiam-se na proposição de indicadores, cuja estruturação básica se dá pela agregação das informações, de modo a possibilitar a interpretação conjunta das variáveis consideradas mais importantes (Bollmann; Marques, 2000).

A primeira etapa dessa metodologia é a definição e o cálculo de indicadores ambientais. Serão construídos indicadores para 10 categorias de impacto ambiental (Itsubo et al., 2000):

- Aquecimento Global;
- Destruição da Camada de Ozônio;
- Acidificação;
- Eutrofização;
- Formação de Oxidantes Fotoquímicos;
- Toxicidade;
- Consumo de Recursos Naturais;
- Consumo de Energia;
- Destruição do Oxigênio Dissolvido em Águas Naturais;
- Distúrbio Local por Material Particulado na Atmosfera.

Para cada indicador de uma determinada categoria de impacto ambiental, serão construídos índices que representam a pressão ambiental equivalente de cada categoria. As Eqs. 2.5 a 2.14 descrevem os índices ambientais necessários à análise, cuja unidade é UPA (unidade de pressão ambiental).

- Índice de Aquecimento Global (IAG)

$$IAG = \frac{\text{Emissão de } CO_2 \text{ equivalente}}{\text{Emissão máxima permitida}} \tag{2.5}$$

- Índice de Destruição da Camada de Ozônio (IDCO)

$$IDCO = \frac{\text{Emissão de CFC - 11 equivalente}}{\text{Emissão máxima permitida}} \tag{2.6}$$

- Índice de Acidificação (IA)

$$IA = \frac{\text{Emissão de } SO_2 \text{ equivalente}}{\text{Emissão máxima permitida}} \tag{2.7}$$

- Índice de Eutrofização (IE)

$$IE = \frac{\text{Emissão de } NO_3 \text{ equivalente}}{\text{Emissão máxima permitida}} \qquad (2.8)$$

- Índice de Formação de Oxidantes Fotoquímicos (IFOF)

$$IFOF = \frac{\text{Emissão de } C_2H_4 \text{ equivalente}}{\text{Emissão máxima permitida}} \qquad (2.9)$$

- Índice de Toxicidade (IT)

$$IT = \frac{\text{Emissão do processo}}{\text{Emissão máxima permitida}} \qquad (2.10)$$

- Índice de Consumo de Recursos Naturais (ICRN)

$$ICRN = \frac{\text{Consumo de recursos}}{\text{Disponibilidade de recursos}} \qquad (2.11)$$

- Índice de Consumo de Energia (ICE)

$$ICE = \frac{\text{Consumo de energia}}{\text{Disponibilidade de energia}} \qquad (2.12)$$

- Índice de Destruição do Oxigênio Dissolvido em Águas Naturais (IDOD)

$$IDOD = \frac{\text{Emissão de DQO}}{\text{Emissão máxima permitida}} \qquad (2.13)$$

- Índice de Distúrbio Local por Material Particulado na Atmosfera (IDLMP)

$$IDLMP = \frac{\text{Emissão de material particulado}}{\text{Emissão máxima permitida}} \qquad (2.14)$$

Para os indicadores em que não houver limites de emissão, definidos na legislação brasileira para os compostos equivalentes, serão utilizados os limites de outros compostos convertidos pelos fatores de equivalência, ou os limites máximos de emissão de leis ambientais de outros países, assim como acordos mundiais que restringem a emissão de determinados poluentes.

Para o índice de consumo de recursos naturais, será utilizada a metodologia da taxa de reserva/uso (Guinée; Heijungs, 1995), que se baseia na relação entre o consumo do processo estudado, C_i, o consumo global do recurso, G_i, e a reserva mundial do recurso, R_i. Dessa maneira, o ICRN será calculado como descrito pela Eq. 2.15:

$$\text{ICRN} = \frac{C_1 \times G_1}{R_1^2} + ... + \frac{C_n \times G_n}{R_n^2}$$

(2.15)

O índice de consumo de energia será calculado levando-se em conta o consumo energético do processo, C, o consumo nacional, N, e a produção mundial de energia, P, de acordo com a Eq. 2.16:

$$\text{ICE} = \frac{C \times N}{P^2}$$

(2.16)

Esses índices são alocados em um gráfico, como mostrado na Fig. 2.2, em que os valores dos índices são representados acumulados, sofrendo um processo de agregação (Spiegel, 1977; Toledo; Ovalle, 1992). Os valores unitários dos índices também são alocados, constituindo uma reta, a função g(x), que representa a emissão máxima permitida. Os índices acumulados são agregados em uma função linear contínua segmentada, constituindo a função f(x) (Ott, 1978; Bollmann; Marques, 2000).

É importante que os índices sejam enumerados e alocados em ordem decrescente de valor (Garcias; Bollmann, 1996; Zorzal et al., 2000). Isso garante que seja avaliada a pior condição de pressão ambiental em um sistema e que os pesos das categorias de impacto tenham um caráter dinâmico. À medida que um índice ambiental passe a exercer uma maior pressão ambiental sobre um sistema, seu peso no cálculo do impacto ambiental total será maior, uma vez que os índices estão dispostos em ordem decrescente.

Pelo gráfico da Fig. 2.2, calcula-se o índice de pressão ambiental (IPA) pela Eq. 2.17:

$$\text{IPA} = \frac{a}{A}$$

(2.17)

onde:
a = área do gráfico representada pelos índices ambientais acumulados;
A = área do gráfico representada pela emissão máxima permissível acumulada.

Em porcentagem, esse índice é expresso por:

$$IPA(\%) = \frac{a}{A} \times 100 \quad (2.18)$$

O Índice de Qualidade Ambiental (IQA) pode ser calculado pela Eq. 2.19:

$$IQA(\%) = 100 - IPA(\%) \quad (2.19)$$

O IPA, portanto, será a relação entre as áreas abrangidas pelas curvas das funções g(x) e f(x), como mostrado na Eq. 2.20.

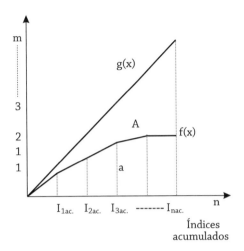

FIG. 2.2 *Gráfico para o cálculo do índice de pressão ambiental*

$$IPA = \frac{\int_1^n f(x)\,dx}{\int_1^m g(x)\,dx} \quad (2.20)$$

Para o cálculo das áreas abrangidas pelas funções f(x) e g(x), utilizam-se os valores dos índices ambientais acumulados (I_{ac}), que podem ser calculados por meio da Eq. 2.21:

$$I_{ac.} = \sum_{i=1}^{n} I_i \quad (2.21)$$

A área **a** sob a curva da função f(x) é calculada pela solução da integral dessa função, por meio do cálculo pela fórmula dos trapézios (Piskounov, 1990), e será dependente dos valores dos índices ambientais acumulados, como descritos pelas Eqs. 2.22, 2.23 e 2.24. Com a utilização do método dos trapézios, obtém-se uma solução exata, e não uma aproximação, pois a função f(x) é um conjunto exato de trapézios. Portanto, tem-se:

$$a = \int_1^n f(x)dx = \frac{I_{1ac.}}{2} + \frac{(I_{2ac.} + I_{1ac.})}{2} + \cdots + \frac{(I_{nac.} + I_{n-1ac.})}{2} \quad (2.22)$$

ou

$$a = \int_1^n f(x)dx = I_{1ac.} + I_{2ac.} + \ldots + I_{n-1ac.} + \frac{I_{nac.}}{2} \qquad (2.23)$$

ou

$$a = \sum_{i=1}^n \frac{I_{i-1ac.} + I_{iac.}}{2} \qquad (2.24)$$

A área **A**, que representa a integral da função g(x), mostra a pressão ambiental relativa às emissões máximas permitidas, sendo calculada pela Eq. 2.25.

$$A = \int_1^m g(x)dx = \frac{m^2}{2} \qquad (2.25)$$

onde **m** é o número de categorias de impacto ambiental.

Substituindo as Eqs. 2.24 e 2.25 em 2.17, obtém-se:

$$IPA = \frac{\sum_{i=1}^n \dfrac{I_{i-1ac.} + I_{iac.}}{2}}{\dfrac{m^2}{2}} \qquad (2.26)$$

ou, considerando a Eq. 2.23:

$$IPA = \frac{I_{1ac.} + I_{2ac.} + \ldots + I_{n-1ac.} + \dfrac{I_{nac.}}{2}}{\dfrac{m^2}{2}} \qquad (2.27)$$

Por meio do método de resolução gráfica, considera-se que o índice de maior pressão ambiental sempre terá o maior peso no cálculo do IPA. Portanto, esse peso dos índices será a função do número de categorias de impacto ambiental e da posição do índice do gráfico, de acordo com sua pressão ambiental. Assim, a Eq. 2.27 pode ser reescrita da seguinte maneira:

$$IPA = \sum_{i=1}^n P_i \times I_i = \sum_{i=1}^n \frac{(m - n_i + 0{,}5) \times I_i}{\dfrac{m^2}{2}} \qquad (2.28)$$

ou

$$IPA = \sum_{i=1}^n P_i \times I_i = \sum_{i=1}^n \frac{(2m - 2n_i + 1) \times I_i}{m^2} \qquad (2.29)$$

onde:

m = número de categorias de impacto ambiental;

n_i = posição do índice I_i no gráfico, de acordo com sua pressão ambiental;

I_i = valor do índice I na posição i;

P_i = peso do índice I na posição i.

Pela Eq. 2.30, calcula-se o peso de cada índice no cálculo do índice de pressão ambiental:

$$P_i = \sum_{i=1}^{n} \frac{(2m - 2n_i + 1)}{m^2}$$

(2.30)

Observa-se que estes são pesos dos índices ambientais, e não das categorias de impacto ambiental. O IPA pode ser calculado utilizando os pesos gráficos dos indicadores ambientais (Pi) ou os pesos das categorias de impacto ambiental (Wi), como mostram as Eqs. 2.29 e 2.30, respectivamente. Porém, estes últimos nem sempre são de cálculo fácil, pois envolvem a etapa de julgamento de valores, muitas vezes subjetiva. Por meio do cálculo dos pesos dos índices ambientais, obtém-se os pesos das categorias de impacto, mediante as Eqs. 2.31 e 2.32:

$$IPA = \sum_{i=1}^{n} P_i \times I_i = \sum_{i=1}^{n} W_i \times V_i$$

(2.31)

$$W = \frac{P \times I}{V}$$

(2.32)

Por meio da Eq. 2.32, os pesos das categorias de impacto ambiental podem ser calculados em função dos valores dos índices e seus pesos e do valor do impacto ambiental de cada categoria. Esses pesos também terão um caráter dinâmico, pois variam de acordo com a pressão ambiental exercida por cada indicador ambiental. À medida que a pressão ambiental de um determinado indicador ultrapassa a pressão ambiental de outro indicador, automaticamente a categoria de impacto ambiental a ele relacionada terá um maior peso no cálculo do IPA.

Essa metodologia elimina, portanto, a etapa de julgamento de pesos para a avaliação, tornando-se uma poderosa ferramenta de avaliação do desempenho ambiental para processos industriais bem diversos.

Raciocínio análogo pode ser feito com relação à qualidade ambiental. Assim, Macedo (1994) calcula o valor do impacto ambiental de projetos pelo valor da diferença entre a qualidade ambiental derivada do desempenho de cada indicador e a qualidade ambiental associada ao melhor desempenho desses mesmos indicadores, a qual, por definição, tem valor igual a 1.

Os dados do inventário ambiental do processo em questão são a entrada do *software* SAAP, que incorpora a metodologia desenvolvida. O *software* foi desenvolvido em linguagem visual com o aplicativo BORLAND DELPHI 5.0 (Manzano; Mendes, 1998; Santos Neto, 1998).

O programa computacional visa calcular os índices ambientais de cada categoria de impacto ambiental e o índice de pressão ambiental final a partir dos dados do inventário ambiental, que são os dados de entrada, como mostrado na Fig. 2.3. Também são dados de entrada do programa a emissão máxima permitida de cada categoria de impacto ambiental e a disponibilidade de energia e recursos naturais, para as categorias consumo de energia e consumo de recursos naturais, respectivamente. Os fatores de equivalência estão no banco de dados do programa.

O *software* possibilita a avaliação de um processo utilizando dez categorias de impacto ambiental. É possível, porém, utilizar um número menor de categorias, pois se trata de um dado de entrada.

Após os cálculos computacionais pela resolução gráfica, como descrito anteriormente, o programa apresenta os resultados do IPA e dos pesos das categorias de impacto ambiental, que variam de acordo com a pressão ambiental de cada indicador ambiental.

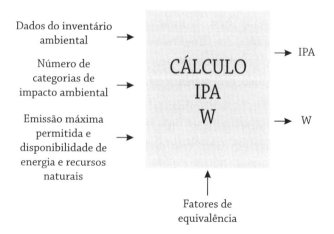

FIG. 2.3 *Metodologia computacional de cálculo do IPA e do W*

Capítulo III | Medição do desempenho ambiental de um processo

3.1 O *software* SAAP

O *software* SAAP (Sistema de Avaliação Ambiental de Processos) versão 1.0 foi desenvolvido em linguagem Delphi versão 5.0, que utiliza compilador pascal orientado a objeto, permitindo compatibilidade com ambiente Windows. Ele é instalado no computador pelo duplo clique no arquivo *Setup*, que é executável e automaticamente instalará o programa e seus arquivos de suporte no diretório "Arquivos de Programas", dentro do qual será criado o diretório "SAAP" e, dentro deste, o diretório "Sistema de Avaliação Ambiental de Processos". Durante a instalação, também é criado o ícone do programa (Fig. 3.1), que pode ser utilizado como atalho na área de trabalho do computador.

Ao entrar no programa, aparece a tela de abertura com o nome "SAAP – Sistema de Avaliação Ambiental de Processos – Versão 1.0" (Fig. 3.2). Essa tela permanece ativa durante cinco segundos, até que a tela de seleção dos índices ambientais (Fig. 3.3) seja carregada pelo computador.

Os índices são mostrados com as respectivas abreviações. Ao se posicionar o ponteiro do *mouse* sobre cada um deles, aparece o nome por extenso. Selecionado um índice ambiental, abre-se a sua respectiva tela.

A seleção dos índices encontra-se sempre ativa quando se estiver em uma tela de algum índice. Entretanto, alguns índices abrem telas internas para a entrada de dados. Quando acionada alguma tela interna de um índice, a seleção dos outros índices torna-se inativa. Para haver a seleção de outro índice, deve-se acionar o botão "voltar" e retornar à tela inicial do índice. O botão "calcular" também faz retornar à tela inicial do índice, ativan-

FIG. 3.1 *Ícone do* software *SAAP*

do a seleção dos outros índices, porém transfere valores que porventura tenham sido digitados.

FIG. 3.2 *Tela de abertura do programa SAAP*

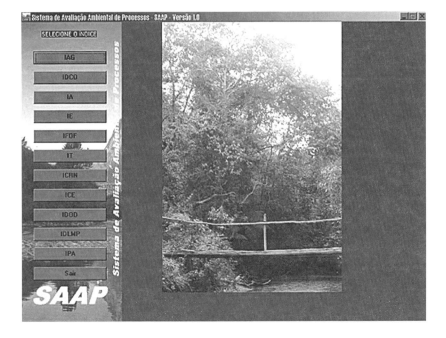

FIG. 3.3 *Tela de seleção dos índices ambientais*

3.2 Indicadores e índices ambientais

Com o objetivo de avaliar o desempenho ambiental de um processo, foram desenvolvidos dez índices ambientais, cujo cálculo considera a legislação ambiental e a disponibilidade de recursos naturais e energia. A partir dos dados coletados, é possível calcular o índice de pressão ambiental do processo utilizando o *software* SAAP, que incorpora a nova metodologia de avaliação ambiental desenvolvida.

3.2.1 Índice de aquecimento global

O efeito estufa

A longo prazo, a Terra deve irradiar energia para o espaço na mesma proporção em que a absorve do Sol. A energia solar chega à Terra na forma de radiação de ondas curtas, parte da qual é refletida e repelida pela superfície terrestre e pela atmosfera. A maior parte dessa radiação, contudo, passa diretamente pela atmosfera para aquecer a superfície terrestre. A Terra se livra dessa energia, mandando-a de volta para o espaço na forma de radiação infravermelha de ondas longas.

A maior parte de radiação infravermelha que a Terra emite é absorvida pelo vapor d'água, pelo dióxido de carbono e por outros gases de efeito estufa que existem naturalmente na atmosfera. Esses gases impedem que a energia passe diretamente da superfície terrestre para o espaço. Ao invés disso, processos interativos (como a radiação, as correntes de ar, a evaporação, a formação de nuvens e as chuvas) transportam essa energia para altas esferas da atmosfera. De lá, ela pode ser irradiada para o espaço. É bom que esse processo seja mais lento e indireto, e isto porque, se a superfície terrestre pudesse irradiar energia para o espaço livremente, nosso planeta seria um lugar frio e sem condições de vida humana.

O homem mudou, e continua mudando, o equilíbrio dos gases que formam a atmosfera, e isso se aplica aos principais gases de efeito estufa, como o dióxido de carbono (CO_2), o metano (CH_4) e o óxido nitroso (N_2O). O vapor d'água é o gás de efeito estufa mais importante, mas as atividades humanas não o afetam diretamente. Esses gases, que se concentram naturalmente na atmosfera, representam menos de um décimo de 1% da atmosfera total, composta principalmente de oxigênio (21%) e nitrogênio (78%). Porém, gases de efeito estufa são essenciais, porque atuam como um cobertor natural ao redor da Terra, sem o qual a superfície terrestre seria cerca de 30°C mais fria do que é hoje (PNUMA, 1995).

Nossas emissões de gases de efeito estufa estão perturbando a forma com que o clima mantém esse equilíbrio entre a energia que entra e a energia que sai, por aumentarem a capacidade da atmosfera de absorver irradiação infravermelha. Uma duplicação, na atmosfera, da quantidade de gases de efeito estufa de longa vida reduziria em 2%, se nada fosse mudado, a proporção em que o planeta é capaz de irradiar energia para o espaço. A energia não pode simplesmente acumular, e o clima vai ter de se ajustar de alguma forma para conseguir desfazer-se dessa energia excedente. Embora 2% pareça não ser muito, se considerarmos a Terra inteira, isso equivale a reter o conteúdo energético de três milhões de toneladas de petróleo por minuto (PNUMA, 1995).

Ao longo dos últimos cem anos, em razão do crescimento da atividade industrial, agrícola e de transporte, e principalmente pelo uso de combustíveis fósseis, a concentração de gases de efeito estufa vem aumentando. O acúmulo desses gases, conhecidos como de efeito estufa por prenderem o calor na atmosfera, impede que a radiação da superfície terrestre seja liberada de volta ao espaço. Como consequência, está ocorrendo um processo de aquecimento global (aumento da temperatura média da Terra), colocando em perigo o delicado balanço de temperatura que torna o nosso meio ambiente habitável.

Esse aumento de temperatura pode resultar em um aumento de nebulosidade, pois o ar mais quente é capaz de absorver mais umidade. Durante o dia, as nuvens adicionais poderiam compensar as consequências do efeito estufa, protegendo a superfície da Terra dos raios solares. À noite, porém, essas mesmas nuvens poderiam atuar como um tipo de cobertor atmosférico, evitando a dissipação de calor (Mycock, 1995).

Quando ocorre a queima de carvão, petróleo e gás natural, liberam-se quantidades enormes de dióxido de carbono no ar, e quando as florestas são destruídas, o carbono armazenado nas árvores escapa para a atmosfera. Outras atividades básicas, como a criação de gado e o cultivo de arroz, emitem metano, óxido nitroso e outros gases de efeito estufa. Se as emissões continuarem aumentando no ritmo atual, é quase certo que, durante o século XXI, os níveis de dióxido de carbono na atmosfera duplicarão em relação aos níveis pré-industriais, e se providências não forem tomadas para reduzir as emissões de gases de efeito estufa, é bem possível que os níveis tripliquem até o ano 2100 (PNUMA, 1995).

De acordo com um consenso científico, é provável que o resultado mais direto seja um "aquecimento global" de 1°C a 3,5°C durante os próximos cem anos. Isso somado ao aumento aparente na temperatura, de 0,5°C, desde o período pré-industrial anterior a 1850, parte do qual pode ser resultado de emissões anteriores de gases de efeito estufa (PNUMA, 1995).

É difícil prever exatamente como isso afetaria a vida humana, porque o clima global é um sistema muito complexo. Se um aspecto-chave, como a temperatura média global, é alterado, suas ramificações refletem isso, e efeitos incertos vão se multiplicando. Por exemplo, padrões de chuva e vento que têm prevalecido por centenas ou milhares de anos, e dos quais milhões de pessoas dependem, podem mudar. Os níveis do mar podem subir e ameaçar ilhas e zonas costeiras de baixa altitude, e áreas atualmente agricultáveis podem se tornar áridas.

Guinée (1998) recomenda pesquisas adicionais para avaliar os efeitos do aumento da temperatura na mudança climática global, de modo a minimizar as incertezas relacionadas aos impactos do aumento da concentração dos gases de efeito estufa na atmosfera terrestre. Num planeta cada vez mais povoado e submetido a maiores tensões, que já tem problemas o suficiente, essas pressões extras poderiam conduzir diretamente a novos períodos de fome e outras catástrofes.

A Fig. 3.4 mostra o crescimento populacional humano após a Revolução Industrial. No passado, quando uma população sofria uma adversidade, a solução era a migração em massa para outra região. Com o

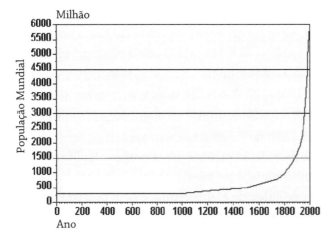

FIG. 3.4 *Crescimento populacional humano*
Fonte: PNUMA (1995).

crescimento populacional desordenado, há pouca disponibilidade de área para ocupação humana nessas situações.

Regimes regionais de chuva podem mudar e, em nível mundial, estima-se que o ciclo de evapotranspiração acelere. Isso significa que choveria mais, porém a chuva evaporaria mais rapidamente, deixando os solos mais secos em períodos críticos da época de cultivo. Secas novas, ou mais intensas, principalmente nos países mais pobres, poderiam diminuir o fornecimento de água potável até o ponto de ficar ameaçada a saúde pública. Por não haver plena segurança a respeito de contextos regionais, não se sabe ao certo quais regiões do mundo correm o risco de ficar mais chuvosas ou mais secas. Mas, com os recursos hídricos globais já sob grande pressão por causa do rápido crescimento demográfico e da expansão das atividades econômicas, o perigo é bem real.

As zonas climáticas e agrícolas podem mudar para os polos. Prevê-se que nas regiões de latitude média, o deslocamento será de 200 a 300 km por cada grau Celsius de aquecimento. Verões mais secos podem reduzir o rendimento dos cultivos em áreas de latitude média em 10 a 30%, e é possível que as principais áreas produtoras de grãos se tornem secas e as ondas de calor sejam mais frequentes. As regiões das zonas agrícolas de latitude média próximas aos polos, o norte do Canadá, a Escandinávia, a Rússia e o Japão, no hemisfério Norte, e o sul do Chile e a Argentina, no hemisfério Sul, poderiam se beneficiar de temperaturas mais elevadas. Contudo, em algumas regiões, terrenos acidentados e solos pobres impediriam esses países de compensar o rendimento reduzido das áreas mais produtivas atualmente (WCED, 1987).

O derretimento de geleiras e a dilatação térmica dos oceanos podem elevar os níveis do mar, ameaçando zonas costeiras de baixa altitude e pequenas ilhas. O nível médio global do mar já subiu cerca de 15 cm no século XX, e é esperado que o aquecimento da Terra ocasione um aumento adicional de cerca de 18 cm até o ano 2030. Se a progressão atual das emissões de gases de efeito estufa continuar, esse aumento poderá chegar a 65 cm acima dos níveis atuais até o ano 2100 (WCED, 1987). As regiões mais vulneráveis seriam as zonas costeiras desprotegidas e densamente povoadas de alguns dos países mais pobres do mundo.

As Figs. 3.5 e 3.6 mostram, respectivamente, a concentração de dióxido de carbono na atmosfera em Mauna Loa, Havaí, e o aumento da temperatura e da precipitação pluviométrica na região escandinava.

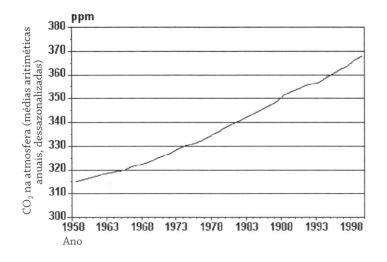

FIG. 3.5
*Concentração de dióxido de carbono na atmosfera em Mauna Loa, Havaí
Fonte: PNUMA (1995).*

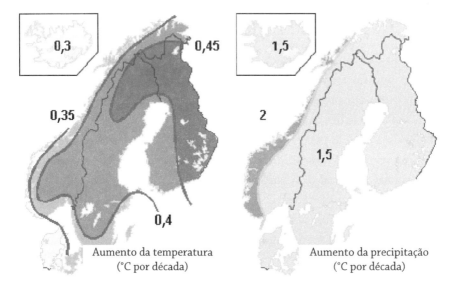

FIG. 3.6 *Temperatura e precipitação pluviométrica na região escandinava
Fonte: PNUMA (1995).*

Há uma injustiça fundamental no problema da mudança do clima, que desgasta as relações já problemáticas entre as nações ricas e pobres. Os países com níveis de vida elevados são os principais responsáveis pelo aumento dos gases de efeito estufa. A Europa, a América do Norte, o Japão e outras regiões que se industrializaram primeiro consolidaram suas riquezas, em parte, por lançar na atmosfera grandes quantidades de gases de efeito estufa, muito antes que se conhecessem suas prováveis consequências. Os países em desenvolvimento agora temem que lhes seja dito para restringir suas atividades industriais ainda incipientes, pelo fato de a margem de segurança da atmosfera já se ter esgotado.

O aquecimento global é um exemplo particularmente ameaçador do apetite insaciável do homem por recursos naturais. A capacidade humana de queimar combustíveis fósseis num ritmo muito mais rápido do que estes levam para serem criados perturbou o equilíbrio natural do ciclo do carbono. A ameaça de mudança do clima surge porque uma das únicas maneiras que a atmosfera, também um recurso natural, possui para reagir às enormes quantidades de carbono sendo liberadas do subsolo terrestre é o aquecimento.

Iniciativas internacionais

Na década de 1980, as evidências científicas que estabeleciam uma relação entre as emissões de gases de efeito estufa provenientes das atividades humanas e a mudança do clima global começaram a despertar a preocupação pública e a inspirar uma série de conferências internacionais que apelavam para a urgência de um tratado mundial para enfrentar o problema. O Painel Intergovernamental sobre Mudança do Clima (IPCC) foi estabelecido em 1988 pela Organização Meteorológica Mundial (OMM) e pelo Programa das Nações Unidas para o Meio Ambiente (PNUMA), e em 1990, a Assembleia Geral das Nações Unidas respondeu a esses apelos estabelecendo o Comitê Intergovernamental de Negociação para a Convenção--Quadro sobre Mudança do Clima (INC/FCCC).

O INC/FCCC preparou a redação da Convenção do Clima, adotando--a em 9 de maio de 1992, na sede das Nações Unidas, em Nova York. A Convenção foi aberta para assinatura em junho de 1992, na Cúpula da Terra, no Rio de Janeiro. Ela foi assinada durante esse encontro por Chefes de Estado e outras autoridades de 154 países, entrando em vigor em 21 de março de 1994. Até meados de 1997, 165 países ratificaram ou acederam à Convenção, comprometendo-se, assim, com os seus termos.

A Convenção do Clima estabelece o objetivo final de estabilizar as concentrações de gases de efeito estufa na atmosfera num nível que impeça uma interferência antrópica perigosa no sistema climático. O objetivo não especifica quais seriam esses níveis de concentração; só estipula que não devem ser perigosos. Reconhece-se, assim, que atualmente não existe uma certeza científica sobre o que seria um nível perigoso.

O texto da Convenção também especifica que esses níveis de concentração de gases de efeito estufa deverão ser alcançados num prazo suficiente para permitir aos ecossistemas uma adaptação natural à mudança do clima, assegurar que a produção de alimentos não seja ameaçada e possibilitar que o desenvolvimento econômico prossiga de maneira sustentável. Isso ressalta as preocupações principais a respeito da produção de alimentos, provavelmente a atividade humana mais sensível ao clima, e do desenvolvimento econômico.

Em seu artigo quatro, 2° parágrafo, alínea (a), a Convenção do Clima estabelece que cada uma das Partes deve adotar políticas nacionais e medidas correspondentes para mitigar a mudança do clima, limitando suas emissões antrópicas de gases de efeito estufa, e protegendo e aumentando seus sumidouros e reservatórios de gases de efeito estufa.

O IPCC foi criado para avaliar a informação científica, técnica e socioeconômica disponível no campo de mudança do clima, e está organizado em três grupos de trabalho:

- Grupo de Trabalho I: concentra-se no sistema do clima;
- Grupo de Trabalho II: concentra-se em impactos e opções de resposta;
- Grupo de Trabalho III: concentra-se nas dimensões econômica e social.

A primeira revisão dos compromissos assumidos pelos países desenvolvidos na Convenção do Clima foi conduzida, como previsto, na primeira sessão da Conferência das Partes (COP-1), que ocorreu em Berlim, em 1995. As Partes decidiram que o compromisso dos países desenvolvidos de, até o ano 2000, voltarem suas emissões para os níveis de 1990, era inadequado para se atingir o objetivo de longo prazo da Convenção, que consiste em impedir uma interferência antrópica perigosa no sistema climático.

Ministros e outras autoridades responderam com a adoção do "Mandato de Berlim" e com o início de uma nova fase de discussões sobre o fortalecimento dos compromissos dos países desenvolvidos. O grupo *Ad Hoc* sobre o Mandato de Berlim (AGBM) foi então formado para elaborar o esboço de um acordo que, após oito sessões, foi encaminhado à COP-3 para negociação final.

Cerca de dez mil delegados, observadores e jornalistas participaram da COP-3, evento de alto nível realizado em Quioto, Japão, em dezembro de 1997. A Conferência culminou na decisão, por consenso, de adotar-se um Protocolo segundo o qual os países industrializados reduziriam suas emissões combinadas de gases de efeito estufa em pelo menos 5% em relação aos níveis de 1990 até o período entre 2008 e 2012. Esse compromisso, com vinculação legal, promete produzir uma reversão da tendência histórica de crescimento das emissões iniciadas nesses países há cerca de 150 anos.

O Protocolo de Quioto foi aberto para assinatura em 16 de março de 1998 e entrou em vigor 90 dias após a sua ratificação por pelo menos 55 Partes da Convenção, incluindo os países desenvolvidos, que contabilizaram pelo menos 55% das emissões totais de dióxido de carbono em 1990 (Tab. 3.1). Enquanto isso, as Partes da Convenção do Clima continuarão a observar os compromissos assumidos e a preparar-se para a futura implementação do protocolo.

Em seu artigo terceiro, 7° parágrafo, o Protocolo de Quioto estabelece que, no primeiro período de compromissos quantificados de limitação e redução de emissões (2008 a 2012), a quantidade de redução atribuída para cada Parte deve ser igual à porcentagem descrita na tabela de suas emissões antrópicas agregadas, expressas em dióxido de carbono equivalente, dos gases de efeito estufa em 1990.

No artigo 5, parágrafo 2° do Protocolo, determina-se que as metodologias para a estimativa das emissões antrópicas por fontes e das remoções antrópicas por sumidouros de todos os gases de efeito estufa não controlados pelo Protocolo de Montreal devem ser aceitas pelo Painel Intergovernamental sobre Mudança do Clima. No parágrafo 3°, adotam-se os potenciais de aquecimento global utilizados para calcular a equivalência, em dióxido de carbono, das emissões antrópicas por fontes e das remoções antrópicas por sumidouros dos gases de efeito estufa, divulgados pelo Painel Intergovernamental sobre Mudança do Clima, com base nos efeitos dos gases de efeito estufa considerados em um horizonte de cem anos.

Cálculo do índice de aquecimento global

Os fatores de conversão kij para transformação dos gases de efeito estufa em CO_2 equivalente são denominados Potenciais de Aquecimento Global (PAG). Eles foram desenvolvidos para comparar as emissões de diferentes

TAB. 3.1 TOTAL DAS EMISSÕES DE DIÓXIDO DE CARBONO DAS PARTES EM 1990

PARTE	EMISSÕES (Gg)	PORCENTAGEM	COMPROMISSO DE REDUÇÃO (%)
Alemanha	1.012.443	7,4	92
Austrália	288.965	2,1	108
Áustria	59.200	0,4	92
Bélgica	113.405	0,8	92
Bulgária	82.990	0,6	92
Canadá	457.441	3,3	94
Dinamarca	52.100	0,4	92
Eslováquia	58.278	0,4	92
Espanha	260.654	1,9	92
Estados Unidos da América	4.957.022	36,1	93
Estônia	37.797	0,3	92
Federação Russa	2.388.720	17,4	100
Finlândia	53.900	0,4	92
França	366.536	2,7	92
Grécia	82.100	0,6	92
Hungria	71.673	0,5	94
Irlanda	30.719	0,2	92
Islândia	2.172	0,0	110
Itália	428.941	3,1	92
Japão	1.173.360	8,5	94
Letônia	22.976	0,2	92
Liechtenstein	208	0,0	92
Luxemburgo	11.343	0,1	92
Mônaco	71	0,0	92
Noruega	35.533	0,3	101
Nova Zelândia	25.530	0,2	100
Países Baixos	167.600	1,2	92
Polônia	414.930	3,0	94
Portugal	42.148	0,3	92
Reino Unido da Grã-Bretanha e Irlanda do Norte	584.078	4,3	92
República Checa	169.514	1,2	92
Romênia	171.103	1,2	92
Suécia	61.256	0,4	92
Suíça	43.600	0,3	92
Total	13.728.306	100,0	–

Fonte: Protocolo de Quioto e Conferência das Partes 3 (ONU, 1997a, 1997b).

gases. O potencial de determinada substância é a taxa entre a contribuição à absorção do calor irradiado, resultante da emissão instantânea de 1 kg de um gás de efeito estufa, e uma emissão igual de CO_2 integrado em um dado tempo, como descrito pela Eq. 3.1 (Guinée, 1998):

$$PAG = \frac{\int_0^t a_i \times c_i (t)dt}{\int_0^t a_{CO_2} \times c_{CO_2} (t)dt} \qquad (3.1)$$

onde:

a_i = fator de efeito medido pela força de radiação instantânea resultante do crescimento de uma unidade na concentração do gás pesquisado i;

$c_i (t)$ = fator de exposição medido pela concentração do gás pesquisado i decorrido um tempo t de sua emissão;

t = número de anos cobertos pela integração.

Os valores correspondentes para dióxido de carbono são incluídos no denominador da equação. O PAG depende do calor absorvido pela atmosfera e de sua distribuição em um dado tempo. Tempos maiores de integração (100 ou 500 anos) são mais adequados quando a preocupação é o efeito cumulativo. Tempos menores (20 ou 50 anos) fornecem um melhor indicador dos efeitos de curto prazo das emissões. A Tab. 3.2 apresenta estimativas numéricas para o PAG de CO_2, CH_4 e NO_2.

TAB. 3.2 ESTIMATIVAS NUMÉRICAS PARA O PAG DE CO_2, CH_4 E NO_2 PARA 20, 100 E 500 ANOS

COMPOSTO	TEMPO DE VIDA (nº de anos)	PAG SOBRE 20 ANOS (CO_2 eq.)	PAG SOBRE 100 ANOS (CO_2 eq.)	PAG SOBRE 500 ANOS (CO_2 eq.)
CO_2	Variável	1	1	1
CH_4	12 ± 3	56	21	7
NO_2	120	280	310	170

Fonte: Chehebe (1998).

As incertezas no PAG são dependentes da escala de tempo escolhida. Quanto maior a escala de tempo, maiores as incertezas, desde que o PAG seja dependente das concentrações atmosféricas de certas substâncias (Chehebe, 1998).

Os fatores de conversão são utilizados para calcular os efeitos diretos do composto original emitido. Podem existir efeitos indiretos tanto negativos quanto positivos quando os compostos individuais reagem quimicamente na atmosfera. Um exemplo é a oxidação do metano para dióxido de carbono. Os efeitos indiretos podem mudar os resultados de compostos particulares, mas não podem, no momento, ser incluídos nos cálculos, em razão de incertezas científicas (Chehebe, 1998).

Guinée (1998) recomenda, porém, que seja utilizado o tempo de integração de 100 anos para o cálculo dos fatores de equivalência, o que tem sido aceito mundialmente. A Tab. 3.3 apresenta os fatores de equivalência (PAG) utilizados no programa computacional para o horizonte de 100 anos.

O valor total do indicador de aquecimento global (Vag) é calculado pela Eq. 3.2, cuja unidade é expressa em kg CO_2 equivalente:

$$Vag = \sum_{j=1}^{m} K_{1,j} \times X_{1,j} = \sum_{j=1}^{m} PAG_{1,j} \times m_{1,j}$$

(3.2)

onde $m_{1,j}$ é a massa da substância em kg.

Atualmente as indústrias estrangeiras e brasileiras têm encontrado muitas dificuldades em quantificar as emissões de gases de efeito estufa dos seus processos produtivos. Para facilitar essa quantificação, o IPCC, em conjunto com o IISI (International Iron and Steel Institute), desenvolveu uma metodologia para o cálculo das emissões de CO_2 equivalente em função do consumo de combustíveis do processo, que foi ratificada pelo IBS (Instituto Brasileiro de Siderurgia).

O consumo de cada combustível em sua unidade original deve ser convertido para uma unidade comum

TAB. 3.3 FATORES DE CONVERSÃO (PAG) PARA O HORIZONTE DE 100 ANOS

COMPOSTO	PAG (kg CO_2 eq./kg gás)
CO_2	1
CH_4	21
NO_2	290
CFC-11	3.500
CFC-12	7.300
CFC-113	4.200
CFC-114	6.900
CFC-115	6.900
HCFC-22	1.500
HCFC-123	85
HCFC-124	430
HFC-125	2.500
HFC-134a	1200
HCFC-141b	440
HCFC-142b	1.600
HFC-143a	2.900
HFC-152a	140
CCl_4	1.300
CH_3CCl_3	100
CF_3Br	5.800

Fonte: Helsink University of Technology (1996).

de energia. Para isso, deve-se multiplicar o consumo pelo poder calorífico inferior do combustível (PCI). A unidade comum de energia adotada pelo IPCC é o terajoule (TJ) (IBS, 2000). A Tab. 3.4 apresenta os valores do PCI recomendados pelo IPCC, pelo Balanço Energético Nacional e pelos Balanços Energéticos Globais e Utilidades da Associação Brasileira de Metalurgia e Materiais.

TAB. 3.4 PODER CALORÍFICO INFERIOR (PCI) PARA DIVERSOS COMBUSTÍVEIS

COMBUSTÍVEL		PCI (TJ/10^3 ton)
Fóssil líquido	Óleo cru	42,54
	Gás natural líquido	45,22
	Gasolina	44,80
	Querosene para aviação	44,59
	Outro querosene	44,75
	Óleo diesel	43,33
	Óleo combustível residual	40,19
	Gás liquefeito de petróleo	47,31
	Etano	47,49
	Nafta	45,01
	Betume	40,19
	Lubrificantes	40,19
	Coque de petróleo	31,00
	Gás de refinaria	48,15
	Outros óleos	40,19
Fóssil sólido	Antracito	27,20
	Carvão coqueificável	–
	Outros carvões betuminosos	27,20
	Carvões sub-betuminosos	–
	Linhito	–
	Turfa	–
	Combustíveis patenteados	–
	Coque	28,88
	Gás de coqueria	36,70
	Gás de alto-forno	–
Fóssil gasoso	Gás natural	37,31
Biomassa	Biomassa sólida	28,46
	Biomassa líquida	–
	Biomassa gasosa	–

Fonte: IPCC (1996); IBS (2000).

Cada combustível emite determinada quantidade de carbono por unidade de energia, cujos fatores são mostrados na Tab. 3.5. Esse fator de emissão de carbono é multiplicado pelo valor energético de cada combustível, já calculado, resultando na quantidade de carbono, em toneladas, emitida pelo processo.

TAB. 3.5 FATOR DE EMISSÃO DE CARBONO (FEC)

COMBUSTÍVEL		FEC (t C/TJ)
	Óleo cru	20,0
	Gás natural líquido	17,2
	Gasolina	18,9
	Querosene	19,5
	Outro querosene	19,6
	Óleo diesel	20,2
	Óleo combustível residual	21,1
Fóssil líquido	Gás liquefeito de petróleo	17,2
	Etano	16,8
	Nafta	20,0
	Betume	22,0
	Lubrificantes	20,0
	Coque de petróleo	27,5
	Gás de refinaria	18,2
	Outros óleos	20,0
	Antracito	26,8
	Carvão coqueificável	25,8
	Outros carvões betuminosos	25,8
	Carvões sub-betuminosos	26,2
	Linhito	27,6
Fóssil sólido	Turfa	28,9
	Combustíveis patenteados	25,8
	Coque	29,5
	Gás de coqueria	13,0
	Gás de alto-forno	66,0
Fóssil gasoso	Gás natural	15,3
	Biomassa sólida	29,9
Biomassa	Biomassa líquida	20,0
	Biomassa gasosa	30,6

Fonte: IPCC (1996).

Entre os combustíveis consumidos pelo setor industrial como insumo energético, alguns deles são utilizados como matéria-prima na manufatura de produtos não energéticos em que o carbono torna-se fixo. Na metodologia do IPCC, esse carbono é denominado carbono estocado, devendo-se subtraí-lo do conteúdo do consumo dos combustíveis. A Tab. 3.6 apresenta o percentual de carbono estocado para os diversos combustíveis utilizados pelo setor industrial.

TAB. 3.6 FRAÇÃO DE CARBONO ESTOCADO (FCE)

COMBUSTÍVEL		FCE
	Óleo cru	–
	Gás natural líquido	–
	Gasolina	–
	Querosene	–
	Outro querosene	–
	Óleo diesel	0,50
	Óleo combustível residual	–
Fóssil líquido	Gás liquefeito de petróleo	0,80
	Etano	–
	Nafta	0,75
	Betume	1,00
	Lubrificantes	0,50
	Coque de petróleo	–
	Gás de refinaria	0,14
	Outros óleos	–
	Antracito	–
	Carvão coqueificável	–
	Outros carvões betuminosos	–
	Carvões sub-betuminosos	–
	Linhito	–
Fóssil sólido	Turfa	–
	Combustíveis patenteados	–
	Coque	–
	Gás de coqueria	–
	Gás de alto-forno	–
Fóssil gasoso	Gás natural	0,33
	Biomassa sólida	–
Biomassa	Biomassa líquida	–
	Biomassa gasosa	–

Fonte: IPCC (1996); IBS (2000).

Parte do carbono disponível para ser queimado (carbono contido no combustível menos carbono estocado) não é oxidada, pelo fato de a combustão ocorrer de forma incompleta, pois uma pequena quantidade de carbono se incorpora às cinzas e a outros subprodutos. Isso deve ser considerado para o cálculo das emissões reais, devendo-se multiplicar o carbono disponível para a queima pela fração de carbono oxidado na combustão (IBS, 2000). A Tab. 3.7 apresenta os valores da fração de carbono oxidado para vários combustíveis.

TAB. 3.7 FRAÇÃO DE CARBONO OXIDADO (FCO)

COMBUSTÍVEL		FCO
Fóssil líquido	Óleo cru	0,990
	Gás natural líquido	0,990
	Gasolina	0,990
	Querosene	0,990
	Outro querosene	0,990
	Óleo diesel	0,990
	Óleo combustível residual	0,990
	Gás liquefeito de petróleo	0,990
	Etano	0,990
	Nafta	0,990
	Betume	0,990
	Lubrificantes	0,800
	Coque de petróleo	0,990
	Gás de refinaria	0,995
	Outros óleos	0,990
Fóssil sólido	Antracito	0,980
	Carvão coqueificável	0,980
	Outros carvões betuminosos	0,980
	Carvões sub-betuminosos	–
	Linhito	–
	Turfa	0,990
	Combustíveis patenteados	–
	Coque	0,990
	Gás de coqueria	0,995
Fóssil gasoso	Gás de alto-forno	–
	Gás natural	0,995
Biomassa	Biomassa sólida	0,995
	Biomassa líquida	0,995
	Biomassa gasosa	0,995

Fonte: IPCC (1996); IBS (2000).

As emissões de CO_2 são calculadas pela multiplicação das emissões de carbono por 44/12, que é a relação entre as massas moleculares do carbono elementar e do dióxido de carbono. O somatório das emissões de todos os combustíveis determina a emissão total de dióxido de carbono do processo em avaliação, constituindo o valor final do indicador de aquecimento global.

O Índice de Aquecimento Global (IAG) é calculado dividindo as emissões totais do processo, medidas em CO_2 equivalente, pela emissão máxima permitida.

O programa computacional permite o cálculo do IAG mediante digitação dos dados do inventário ambiental ou do consumo de combustíveis do processo. Na primeira opção, deve-se entrar com os dados de emissão de gases no campo correspondente; na segunda, os dados de consumo de combustíveis são digitados no respectivo campo (Fig. 3.7) e, ao ser acionado o botão "calcular", o resultado, transformado em CO_2 equivalente, é transportado para o campo do CO_2 da tela do IAG. Além disso, o consumo de combustíveis é convertido em energia e transportado para a tela do ICE com a unidade kWh. Portanto, as duas opções para o cálculo desse índice podem ser utilizadas conjuntamente, facilitando o uso do programa de acordo com as peculiaridades dos diversos processos industriais.

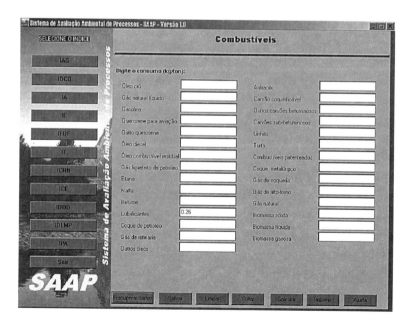

FIG. 3.7 *Tela de entrada dos combustíveis utilizados no processo*

A Fig. 3.8 apresenta a tela para o cálculo do IAG. O consumo de óleo lubrificante foi transformado em CO_2 equivalente e a emissão máxima permitida foi determinada com base na emissão específica de uma indústria em 1990, projetando-se uma redução de 5%.

O IAG do processo de galvanização eletrolítica é calculado acionando-se o botão "calcular" e o resultado, além de ser apresentado nessa tela do programa, também é transportado para a tela final, para o cálculo do IPA.

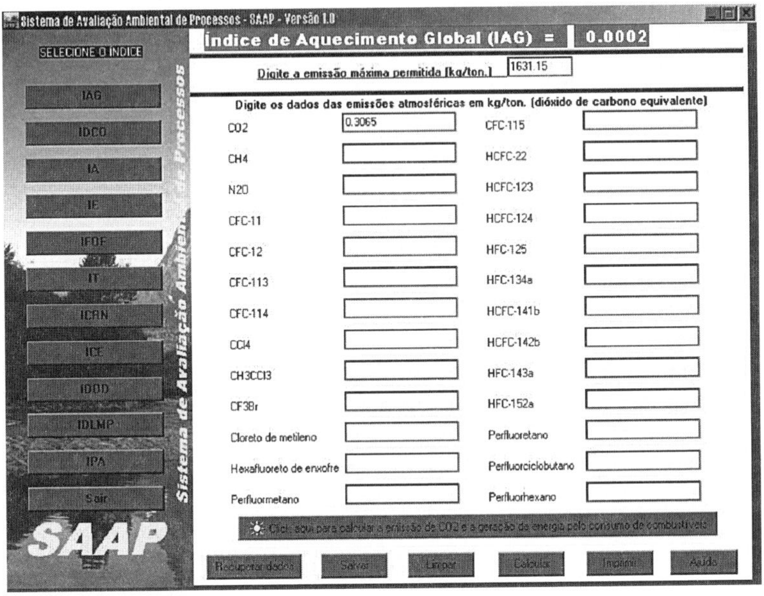

FIG. 3.8 *Tela para o cálculo do IAG*

3.2.2 Índice de destruição da camada de ozônio

Os ecossistemas terrestres necessitam de energia para seu desenvolvimento e manutenção, e a sua principal fonte é a energia captada do Sol pelo processo de fotossíntese. Essa energia que chega até o nosso planeta é composta por um conjunto de radiações, cujos comprimentos de onda variam de 120 a 4.000 nanômetros. Esse conjunto de radiações, além de ser responsável pela manutenção de todos os sistemas biológicos do planeta (radiação visível de 400 a 700 nm, que promove a fotossíntese), também tem potencial para danificá-los ou mesmo destruí-los (radiação ultravioleta C, UV-C de 150 a 280 nm e radiação ultravioleta B, UV-B de 280 a 320 nm) (Araújo, 1993).

Esse efeito negativo não ocorre em razão da presença de alguns gases na alta atmosfera, principalmente oxigênio, nitrogênio e ozônio. Toda radiação ultravioleta C é absorvida pela alta atmosfera e a radiação ultravioleta B é fortemente atenuada pela camada de ozônio, cuja ausência impossibilitaria a existência da vida atual sobre a Terra.

A camada de ozônio

O ozônio (O_3) é uma molécula composta por três átomos de oxigênio. Sua formação acontece quando os raios ultravioleta C atingem uma molécula de oxigênio, separando seus dois átomos, que se combinam rapidamente com uma nova molécula de oxigênio para formar o ozônio. Nessa reação, participa um outro elemento M (que pode ser o N_2), para manter o equilíbrio energético da reação.

O ozônio formado absorve luz ultravioleta, principalmente UV-B, e se dissocia em suas partes componentes, O_2 e O. O átomo de oxigênio livre pode novamente se ligar a outra molécula de oxigênio, reformando o ozônio. Esse movimento de reforma do ozônio acontece muitas vezes, até que, finalmente, a molécula de ozônio colide com um átomo de oxigênio, formando duas moléculas estáveis de oxigênio, conforme mostrado na Fig. 3.9. As reações seguintes explicam a formação do ozônio na atmosfera terrestre:

- $UV\text{-}C + O_2 \quad \rightarrow \quad O + O$
- $O + O_2 + M \quad \rightarrow \quad O_3 + M$
- $UV\text{-}B + O_3 \quad \rightarrow \quad O + O_2$
- $O + O_3 \quad \rightarrow \quad O_2 + O_2$

O ozônio não se encontra homogeneamente distribuído pelas camadas atmosféricas, concentrando-se na região entre 20 e 34 km de altitude acima do equador e a 14 a 30 km de altitude acima dos polos; portanto, dentro da estratosfera. A camada de ozônio está localizada nessa faixa da atmosfera porque aí são reunidas as condições ideais para a sua formação. Acima de 34 km de altura, há muita radiação ultravioleta mas pouco oxigênio, e abaixo de 20 km, há muito oxigênio mas pouca radiação ultravioleta (Araújo, 1993).

A quantidade de ozônio na estratosfera é determinada, a princípio, pelo equilíbrio entre as reações de formação ($O + O_2 \rightarrow O_3$) e de perda ($O + O_3 \rightarrow 2O_2$) do ozônio. Entretanto, essa quantidade de ozônio está

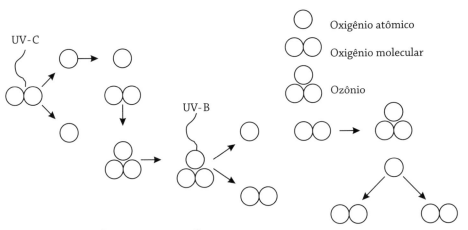

FIG. 3.9 *Formação do ozônio na atmosfera*
Fonte: Stolarski (1988).

sujeita à interferência de outros fatores, e o principal deles é a presença de pequenas quantidades de óxido nitroso (N_2O) que escapam durante o processo natural de desnitrificação, difundindo-se até a estratosfera e promovendo reações que resultam na destruição do ozônio, como segue (Araújo, 1993):

- $N_2O + O \rightarrow 2NO$
- $NO + O_3 \rightarrow NO_2 + O_2$
- $NO_2 + O \rightarrow NO + O_2$
- $O + O_3 \rightarrow 2O_2$

Os aerossóis, solventes e gases refrigerantes, ou clorofluorcarbonos (CFCs), são os principais responsáveis pela destruição da camada de ozônio, que protege o planeta contra os efeitos danosos dos raios solares ultravioleta. Segundo estimativas da Organização das Nações Unidas, cerca de 650 mil toneladas de CFCs são emitidas anualmente para a atmosfera.

Os CFCs são gases estáveis usados em produtos de limpeza, geladeiras, aparelhos de ar condicionado e aerossóis. Em razão da alta estabilidade desses gases, mesmo que haja redução da sua emissão para baixos níveis, o planeta somente começará a observar os benefícios ambientais decorrentes da supressão do seu uso em prazo superior a 50 anos. A Tab. 3.8 apresenta o tempo de vida de alguns compostos destruidores da camada de ozônio e seus principais usos.

TAB. 3.8 CARACTERÍSTICAS DE SUBSTÂNCIAS QUE DESTROEM A CAMADA DE OZÔNIO TERRESTRE

Substância	Tempo de vida na atmosfera (anos)	Principais aplicações
$CFCl_3$ (CFC-11)	75	Aparelhos de refrigeração e ar condicionado, fabricação de espumas e poliuretano
CF_2Cl_2 (CFC-12)	111	Refrigeração, ar condicionado, espumas, poliuretano, aerossóis e esterilização
$C_2F_2Cl_3$ (CFC-113)	90	Solvente
$C_2F_4Cl_2$ (CFC-114)	185	Refrigeração, ar condicionado e espumas
C_2F_6Cl (CFC-115)	380	Refrigeração e ar condicionado
CF_2BrCl (HALON-1211)	25	Extintores de incêndio portáteis
CF_3Br (HALON-1301)	110	Sistemas de extinção de incêndio

Fonte: Araújo (1993).

As vantagens que conferiram aos CFCs um amplo emprego na indústria são sua alta estabilidade química, sua não reatividade com outros compostos e sua não toxicidade. A alta estabilidade e a baixa reatividade fazem com que esses compostos não sejam destruídos na troposfera pelos processos naturais de despoluição da atmosfera. Eventualmente eles alcançam a estratosfera, onde a radiação ultravioleta é suficientemente intensa para quebrar a molécula do CFC, liberando átomos de cloro que podem atacar o ozônio, como mostrado na Fig. 3.10. Esses gases demoram de 10 a 15 anos para alcançar a camada de ozônio (Adriaanse, 1993). O bromo, proveniente dos hálons, também é capaz de destruir o ozônio.

A estratosfera possui um sistema de autoproteção muito eficiente. O efeito destrutivo dos átomos de cloro e bromo é bloqueado quando eles se combinam com outras substâncias presentes na estratosfera, principalmente o dióxido de nitrogênio (NO_2) e o metano (CH_4), formando os compostos químicos $ClNO_3$, HCl e $BrNO_3$, que não destroem o ozônio, como mostra a Fig. 3.11. Esses compostos de cloro e bromo podem, posteriormente, liberar os átomos de Cl e Br, que voltam a atacar o ozônio, ou então podem ser eliminados da estratosfera.

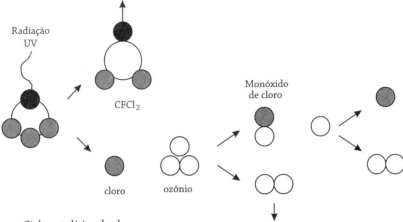

FIG. 3.10 *Ciclo catalítico do cloro*
Fonte: Stolarski (1988).

A destruição do ozônio depende da latitude, da estação do ano e da altitude. Sua concentração diminui pela ação dos CFCs, mais em altas latitudes do que próximo ao equador, e principalmente no inverno. Mycock et al. (1995) afirmam que alguns modelos mostram destruição de ozônio acima de 50% em altas latitudes e em altitudes de 45 km, onde o efeito da emissão dos CFCs é máximo. A diminuição do ozônio na alta estratos-

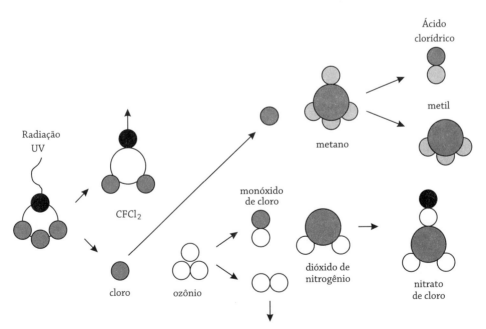

FIG. 3.11 *Mecanismo de autodepuração da estratosfera*
Fonte: Stolarski (1988).

fera pode ser parcialmente compensada pelo aumento da radiação solar ultravioleta, a qual leva a um aumento na taxa de geração de ozônio na baixa estratosfera.

A descoberta, em 1985, do buraco na camada de ozônio sobre a Antártica, alertou a população mundial sobre os riscos inerentes a esse processo. Na época, medidas feitas pelo satélite americano Nimbus-7 demonstraram uma diminuição de 40% na quantidade de ozônio sobre a Baía de Halley, na costa Antártica. Na primavera de 1987, os níveis de ozônio diminuíram em 60% em alguns pontos sobre o continente. Em 1992, medidas feitas pelo mesmo satélite constataram um buraco na camada abrangendo uma área de 23,4 milhões de km^2 sobre o polo Sul (Mycock et al., 1995). Em setembro de 2000, o satélite americano Toms-EP constatou que a destruição da camada de ozônio sobre a Antártica atingiu um recorde de 28,3 milhões de km^2, como mostra a Fig. 3.12. O ponto máximo é estimado em 20 anos, quando o atual processo destrutivo da camada de ozônio começará a se reverter.

Explosões nucleares também foram outro fator que contribuiu para a destruição da camada de ozônio. Entre 1961 e 1962, os Estados Unidos e a então União Soviética detonaram 340 megatons de explosivos nucleares na atmosfera (Mycock et al., 1995). A onda de choque da explosão aquece o ar a temperatura em milhares Kelvin, e a concentração de NO_x em equilíbrio com o nitrogênio e o oxigênio atmosféricos torna-se significativa, contribuindo para a destruição do ozônio.

O buraco na camada de ozônio sobre a Antártica começa no final de agosto, aumenta em setembro, atinge seu ponto máximo no início de outubro e desaparece em novembro. A maior parte do ozônio sobre as regiões polares é formada nos trópicos e transportada até lá pela circulação das massas de ar na estratosfera. Durante o inverno e parte da primavera, predomina na estratosfera Antártica um tipo de circulação das

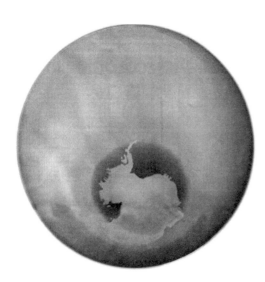

FIG. 3.12 *Buraco da camada de ozônio medida pelo satélite Toms-EP em setembro de 2000*

massas de ar em forma de redemoinho, chamado vórtice polar. O vórtice isola a estratosfera sobre a Antártica da estratosfera do resto do planeta, ou seja, não deixa entrar o ozônio formado nos trópicos e não deixa sair a massa de ar presa em seu interior. No interior do vórtice, inicialmente há níveis normais de ozônio, que decaem pela presença dos CFCs. À medida que os CFCs vão chegando à estratosfera do polo Sul, suas moléculas vão sendo quebradas e os átomos de cloro, liberados. Esses átomos, por sua vez, reagem com o dióxido de nitrogênio (NO_2) e o metano (CH_4) para formar os compostos químicos $ClNO_3$ e HCl, que não destroem a camada de ozônio (Araújo, 1993).

Dentro do vórtice, a temperatura pode atingir, do início do inverno ao início da primavera, valores abaixo de 78°C negativos, propiciando a formação de nuvens estratosféricas de cristais de gelo e de cristais de ácido nítrico tri-hidratado ($HNO_3.3H_2O$). Pelas reações químicas que ocorrem nas superfícies desses cristais, os compostos químicos $ClNO_3$ e HCl, inofensivos ao ozônio, são transformados nas formas Cl_2, HOCl e $ClNO_2$, que destruirão quase todo o ozônio dentro do vórtice, dando origem ao buraco, nos meses de julho e agosto. Em setembro, com o começo da primavera e o retorno da luz solar ao centro do vórtice, as nuvens desaparecem e ocorre a fotólise do $ClNO_2$, do Cl_2 e do HOCl, liberando grandes quantidades de Cl e ClO, que começam a destruir o ozônio (Araújo, 1993). Em outubro, ocorrem os mais baixos níveis de ozônio e, em novembro, o desaparecimento do buraco devido à quebra do vórtice polar, que permite a entrada das massas de ar ricas em ozônio, provenientes dos trópicos, e a diluição da massa de ar pobre em ozônio que estava confinada no interior do vórtice polar.

Nas latitudes tropicais e temperadas do planeta, não há a formação de nuvens estratosféricas, e os átomos de cloro liberados dos CFCs são rapidamente imobilizados nas formas $ClNO_3$ e HCl, que não destroem o ozônio. Não há a formação de um buraco na camada, mas já ocorreram perdas maiores que 10% na concentração do ozônio, nas latitudes temperadas do planeta.

Impactos ambientais causados pela destruição da camada de ozônio
A destruição da camada de ozônio tem como consequência o aumento da radiação ultravioleta na faixa de 280 a 320 nm (UV-B), que possui energia suficiente para lesar estruturas biológicas muito importantes como o DNA

(ácido desoxirribonucleico) e, nos vegetais, além do DNA, o sistema fotos-sintético (Araújo, 1993).

A cadeia alimentar marinha é baseada no fitoplâncton e em bactérias que servem de alimento para o zooplâncton, que irá alimentar os demais elos da cadeia. Como as bactérias e o fitoplâncton são extremamente sensí-veis à radiação ultravioleta, pode haver uma diminuição da produtividade desses organismos, com consequente reflexo no restante da cadeia. Pode também haver diminuição das colheitas agrícolas e mudanças na diversi-dade de espécies.

Plantas menores resistentes ao UV-B teriam uma população diminu-ída, enquanto as mais resistentes poderiam ter sua população aumenta-da. Com isso, toda a dinâmica das populações dos animais dependentes dessas plantas seria afetada, com umas espécies aumentando em número e outras diminuindo. No litoral e nos grandes rios, com a diminuição do fitoplâncton e do zooplâncton, pode haver diminuição da pesca.

Com a progressiva destruição da camada de ozônio, poderá haver no ser humano um aumento no número de casos de câncer de pele, catarata e distúrbios imunológicos. Esses distúrbios podem agravar o quadro de diversas doenças endêmicas.

Entretanto, pouco se sabe sobre a capacidade dos organismos de se adaptarem a níveis maiores de radiação ultravioleta em seu ambiente. Eles podem desenvolver mecanismos muito eficientes de reparo do DNA ou produzir pigmentos que os protejam da radiação ultravioleta.

Iniciativas internacionais

Em 1977, a ONU promoveu uma reunião de especialistas, na qual foi adotado um plano de ação mundial para proteção da camada de ozônio. Em março de 1985, foi assinada, por mais de 20 países e a Comunidade Europeia, a Convenção de Viena. Nessa ocasião, esses países compromete-ram-se apenas a continuar com as pesquisas sobre o ozônio, e não a redu-zir o uso e a produção de CFCs.

Com a descoberta do buraco na camada em 1985, tornou-se urgen-te a tarefa de estabelecer um controle dos CFCs e hálons que destroem o ozônio. Em setembro de 1987, foi assinado o Protocolo de Montreal, pelo qual, a partir de 1989, alguns CFCs teriam sua produção e consumo proi-bidos até o ano 2000, e outros CFCs seriam restringidos. Com o agrava-mento da destruição da camada, os 108 países signatários do Protocolo, em reunião realizada em Copenhagen, em novembro de 1992, decidiram antecipar os prazos para deixarem de produzir os CFCs mais danosos à camada de ozônio.

Cálculo do índice de destruição da camada de ozônio

Os fatores de conversão kij para transformação dos gases que destroem o ozônio em CFC-11 equivalente são denominados Potenciais de Redução da Camada de Ozônio (PRCO), definidos pela Eq. 3.3. Eles foram desenvolvidos para comparar as emissões de diferentes gases. O potencial de determinada substância é a taxa entre a mudança na camada de ozônio, resultante, na situação de equilíbrio, da emissão anual de um gás destruidor da camada de ozônio, e o efeito de uma emissão igual de CFC-11, em kg, como descrito pela Eq. 3.3 (Guinée, 1998; Chehebe, 1998):

$$PRCO_i = \frac{\delta[O_3]_i}{\delta[O_3]_{CFC-11}}$$

(3.3)

onde:

$\delta[O_3]_i$ = mudança na camada de ozônio resultante, na situação de equilíbrio, da emissão anual da substância i;

$\delta[O_3]_{CFC-11}$ = mudança na camada de ozônio resultante, na situação de equilíbrio, da emissão anual de CFC-11;

$PRCO_i$ = potencial de redução da camada de ozônio da substância i.

Os PRCOs são utilizados como fatores de caracterização para calcular o valor total do indicador de destruição da camada de ozônio (Vdco), conforme mostra a Eq. 3.4:

$$Vdco = \sum_{j=1}^{m} K_{1,j} \times X_{1,j} = \sum_{j=1}^{m} PRCO_{1,j} \times m_{1,j}$$

(3.4)

onde $m_{1,j}$ é a massa da substância em kg.

O valor total do indicador é expresso em kg de CFC-11 equivalente.

A Tab. 3.9 apresenta os fatores de conversão de diversos compostos em CFC-11 equivalente, representando a capacidade de cada um em destruir a camada de ozônio terrestre.

Lindfors et al. (1995) afirmam que a categoria de impacto destruição da camada de ozônio será menos importante no futuro, pela diminuição

TAB. 3.9 FATORES DE CONVERSÃO (PRCOs) PARA DIVERSOS COMPOSTOS

COMPOSTO	PRCO (kg CFC-11 eq./ kg gás)
CFC-11	1
CFC-12	0,9
CFC-113	0,9
CFC-114	0,8
CFC-115	0,4
HCFC-22	0,06
HCFC-123	0,022
HCFC-124	0,024
HFC-125	0
HFC-134a	0
HCFC-141b	0,11
HCFC-142b	0,06
HFC-143a	0
HFC-152a	0
CCl_4	1,2
CH_3CCl_3	0,16
CH_3Br	0,6
CF_3Br	16
CF_2BrCl	4

Fonte: Helsink University of Technology (1996); Heijungs et al. (1992); Adriaanse (1993).

da emissão dos compostos clorofluorcarbonos e hálons. Os autores também recomendam restrições na utilização dos PRCOs, por envolverem muitas incertezas. Entretanto, Guinée (1998) reitera o uso desses fatores de conversão, pois os considera o melhor método atualmente existente para avaliar esse indicador. No futuro, a análise dos impactos causados pela destruição do ozônio deve ser modelada em termos de saúde e bem-estar humano e saúde dos ecossistemas, separados em diferentes categorias de impacto ambiental (Guinée, 1998).

O Índice de Destruição da Camada de Ozônio (IDCO) é calculado dividindo as emissões totais do processo, medidas em CFC-11 equivalente, pela emissão máxima permitida. A Environmental Protection Agency (EPA), agência de proteção ambiental dos Estados Unidos, determina quantidades máximas de emissão e consumo dos gases destruidores da camada de ozônio para cada empresa, de acordo com seu processo produtivo. A Tab. 3.10 apresenta alguns exemplos de emissões permitidas para algumas empresas.

TAB. 3.10 EMISSÕES MÁXIMAS DE CFC-11 PERMITIDAS PARA ALGUMAS EMPRESAS DOS ESTADOS UNIDOS

EMPRESA	CONSUMO PERMITIDO DE CFC-11 (kg/ano)
Allied-Signal, Inc.	22.683.833
E. I. DuPont de Nemours & Co	32.054.283
Hoechst Celanese Corporation	185.396
ICI Americas, Inc.	1.673.436
Laroche Chemicals	12.695.726
Sumitomo Corp. of America	5.800

Fonte: EPA, CFR 40 (1995).

Medição do desempenho ambiental de um processo   85

O programa computacional permite o cálculo do IDCO mediante digitação dos dados do inventário ambiental, como mostra a Fig. 3.13. Deve-se entrar com os dados de emissão de gases no campo correspondente, e o resultado do índice adimensional é apresentado na tela do IDCO e transportado para a tela final, para o cálculo do IPA.

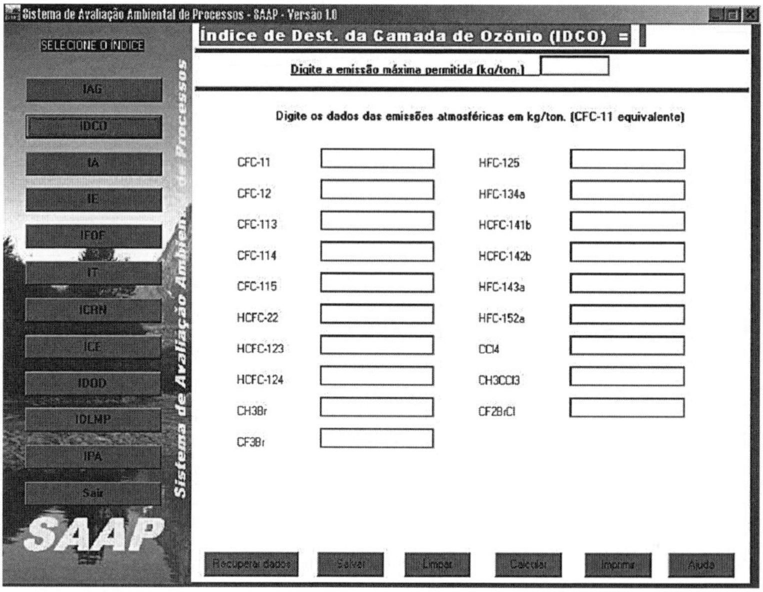

FIG. 3.13 *Tela para o cálculo do IDCO*

3.2.3 Índice de acidificação

Substâncias acidificantes causam uma grande diversidade de impactos no solo, água subterrânea, água superficial, organismos, ecossistemas e materiais. A acidificação é uma das categorias de impacto que têm grande influência na sensibilidade local de ecossistemas.

A acidificação do ambiente, resultante da poluição atmosférica, ocorre pela deposição dos ácidos, causando danos imediatos ao homem, plantas, animais, materiais e construções. Esse efeito é mais acentuado por fatores como secas e geadas, e pela presença de fungos e insetos.

Chuva ácida

A decomposição de matéria orgânica, o movimento do mar e as erupções vulcânicas contribuem para a acumulação de compostos ácidos na atmosfera. Entretanto, o principal fator que contribui para a chuva ácida é o dióxido de carbono da atmosfera, o qual causa uma chuva levemente ácida (pH = 5,6) mesmo nos mais selvagens ambientes (Mycock et al., 1995).

Esse valor de pH expressa o equilíbrio químico entre o CO_2 atmosférico e sua forma ácida solúvel, o íon bicarbonato (HCO_3^-), em água pura (Jenkins; Snoeyink, 1980). Em algumas partes do planeta, a acidez das chuvas tem sido menor que 5,6. Na porção leste dos Estados Unidos, há registros de chuvas cujo pH esteve entre 3,0 e 4,0. Em muitas regiões industrializadas, estão sendo observados valores de pH entre 4,0 e 4,5.

Não há dúvida de que os poluentes emitidos pelo homem aceleram a acidificação das chuvas. As emissões antrópicas de dióxido de enxofre (SO_2) e óxidos de nitrogênio (NO_x) são transformadas em ácidos na atmosfera, por onde podem percorrer milhares de quilômetros até se depositarem como chuva ácida, neve, poeira ou gás. Todas essas formas de deposição, secas ou úmidas, são conhecidas e aceitas como chuva ácida, e reconhecidas, por muitos países industrializados, como um problema de poluição atmosférica potencialmente sério.

Estima-se que, anualmente, são emitidas 100 milhões de toneladas de SO_2, metade proveniente da América do Norte e da Europa. Por outro lado, mais de 90% das emissões de NO_x são antrópicas. Nos Estados Unidos são emitidos anualmente 15,5 milhões de toneladas de NO_x, vindas principalmente da combustão de combustíveis fósseis.

Os principais responsáveis pela acidez são os ácidos sulfúrico, nítrico e clorídrico. A formação desses ácidos decorre não apenas do lançamento direto dos respectivos óxidos (SO_3 e NO_2), mas também, indiretamente, de outros óxidos (SO_2 e NO), os quais podem ser convertidos nos primeiros por processos de oxidação que ocorrem na atmosfera, tanto na fase homogênea (gasosa) como em reações heterogêneas na superfície de partículas (Melo, 1997).

O SO_2 é o principal gás acidificante e, quando lançado na atmosfera, é oxidado para SO_3, que absorve água para formar H_2SO_4, um ácido forte que libera dois moles de prótons para cada mol de SO_2 emitido (Helsink University of Technology, 1996).

Os gases causadores de acidificação estão presentes na atmosfera principalmente em razão das atividades antrópicas. Porém, uma pequena parte das emissões é atribuída aos processos naturais. No ar, no solo ou na água, óxidos de enxofre e de nitrogênio são convertidos em ácido sulfúrico e nítrico, respectivamente. A amônia (NH_3) também é convertida em ácido nítrico, mas somente no solo ou na água e, indiretamente, pela ação das bactérias (Adriaanse, 1993).

A taxa de formação dos ácidos depende da concentração de íons hidroxila presentes (OH^-). Medidas diretas de OH^- na atmosfera são difíceis de realizar, por causa da instabilidade desse íon. A presença de água na atmosfera é essencial, pois promove a oxidação do composto acidificante presente no ar. A presença de metais catalisadores e agentes oxidantes também favorece a formação de ácidos. O manganês é o principal metal catalisador que age nas gotículas presentes nas nuvens. Os mais importantes agentes oxidantes são o ozônio e o peróxido de hidrogênio, que aumentam a conversão dos óxidos em ácidos (Mycock et al., 1995).

O transporte dos poluentes na atmosfera depende da velocidade dos ventos, das condições meteorológicas, do estado químico dos poluentes e da altura das chaminés ou das fontes de emissão. Porém, a maior parte das emissões antrópicas de gases causadores de acidificação ocorre na camada de mistura da atmosfera, e os poluentes são transportados por pequenas distâncias até a sua deposição, acidificando o ambiente local ou regional. A deposição acontece pela proximidade e contato com o solo ou com recursos hídricos.

Os efeitos das chuvas ácidas sobre o solo, a vegetação e os lagos são difíceis de quantificar. Entretanto, as evidências apontam a acidificação como uma das prováveis causas dos processos de morbidez acelerada de florestas nos países da Europa Central e de alteração das condições biológicas das águas em lagos interiores nos países industrializados. A Fig. 3.14 mostra valores típicos de pH encontrados em solos normais e em solos acidificados por chuva ácida, nos horizontes O, A, B e C. Mais evidentes são os impactos sobre edificações e monumentos ou objetos históricos, especialmente aqueles constituídos de materiais à base de carbonatos (mármore, calcário, dolomita), bem como de certos metais (ferro, zinco), vidros alcalinos, papel, couro e algodão (Melo, 1997). Segundo Prado Filho (1995), com a diminuição do pH do solo e da água, ocorrerá a liberação de metais pesados e dos elementos B, Cu, Fe, Mn, Zn e Al, que poderão, dependendo de suas concentrações, causar toxicidade às plantas e à fauna e flora aquáticas.

Recentemente, alguns países europeus têm restringido o consumo de óleos contendo enxofre para diminuir os efeitos nocivos da acidificação. Nesses países, adotou-se o consumo de combustíveis dessulfurados, nos quais ocorre a remoção da ordem de 90% de enxofre.

Vários sistemas experimentais têm sido pesquisados para a remoção de substâncias acidificantes. Pela adição de amônia aos gases de exaustão dos fornos, consegue-se a desnitrificação pela redução catalítica seletiva e a remoção de 80% a 90% de NO$_x$, que é convertido em nitrogênio. Óxidos de enxofre e de nitrogênio são removidos pela combustão em leito fluidizado, na qual se utiliza cal ou dolomita durante a combustão (Mycock et al., 1995). Esses sistemas ainda são inviáveis economicamente, mas há uma tendência de se tornarem mais utilizados à medida que aumentarem as pressões ambientais acerca desse problema.

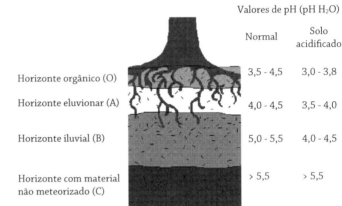

FIG. 3.14 *Valores de pH de solos normais e acidificados por chuva ácida*
Fonte: PNUMA (1995).

Cálculo do índice de acidificação

Os fatores de conversão *kij* para transformação dos gases causadores de acidificação em SO$_2$ equivalente são denominados Potenciais de Acidificação (PA). Eles foram desenvolvidos para comparar as emissões de diferentes compostos. O potencial de acidificação é a relação entre o número de moles de prótons (nH$^+$) liberados de uma molécula de determinada substância no meio ambiente dividido pela massa molecular (Mm) dessa substância, multiplicado pela massa molecular do SO$_2$, que é 64,06 g/mol, e dividido por 2, que é o número de moles de prótons liberados pelo SO$_2$, como mostrado na Eq. 3.5 (Helsink University of Technology, 1996; Guinée, 1998):

$$PA = \frac{nH_i}{2 \times Mm_i} \times 64,06 \qquad (3.5)$$

onde:
PA = potencial de acidificação;

nH_i = número de moles de prótons liberados de uma molécula da substância i no meio ambiente;

Mm_i = massa molecular da substância i.

O valor total do indicador de acidificação (Va) é calculado pela Eq. 3.6, cuja unidade é expressa em kg SO_2 equivalente:

$$Va = \sum_{j=1}^{m} K_{1,j} \times X_{1,j} = \sum_{j=1}^{m} PA_{1,j} \times m_{1,j} \qquad (3.6)$$

onde $m_{1,j}$ é a massa da substância em kg.

Os potenciais de acidificação refletem a contribuição máxima das substâncias para a acidificação. Todavia, processos e circunstâncias locais podem influenciar na contribuição de uma substância acidificante, pois altas taxas de mineralização e desnitrificação podem reduzir essa contribuição. A contribuição de uma substância também pode ser reduzida se os ânions que acompanham os íons de hidrogênio são liberados no sistema ou absorvidos e removidos pela biomassa (Lindfors, 1995). É o caso particular de NO_x e NH_3, pois a contribuição desses compostos pode variar de zero a 100%. Vários caminhos são sugeridos para solucionar essas diferenças locais na sensibilidade da acidificação (Guinée, 1998):

- descartar as emissões em áreas não sensíveis;
- estabelecer pesos para as emissões com base na sensibilidade das áreas de ocorrência da emissão;
- trabalhar com cenários mínimos e máximos;
- utilizar modelos de sensibilidade regional à acidificação.

Potting e Hauschild (1997) propõem a inclusão da sensibilidade regional com base no modelo de dispersão de poluentes na Europa, desenvolvido pelo Programa Europeu para Monitoramento e Avaliação (EMEP). Adriaanse (1993) utiliza a deposição de compostos ácidos no solo como fator de equivalência para o cálculo desse indicador. Porém, ainda há problemas para aplicações desses modelos, em razão da falta de informações concretas sobre a resposta dos diversos ecossistemas expostos à acidificação.

Atualmente, há um consenso em se utilizar os potenciais de acidificação, mostrados na Tab. 3.11, até que sejam desenvolvidos novos méto-

TAB. 3.11 FATORES DE CONVERSÃO (PA)

Composto	PA (kg SO$_2$ eq./kg substância)
SO$_2$	1
SO$_3$	0,80
NO$_2$	0,70
NO$_x$	0,70
NO	1,07
NH$_3$	1,88
HCl	0,88
HNO$_3$	0,51
H$_2$SO$_4$	0,65
H$_3$PO$_4$	0,98
HF	1,60

Fonte: Helsink University of Technology (1996); Heijungs et al. (1992).

dos consistentes para avaliação dessa categoria de impacto ambiental (Guinée, 1998). Isso representa o cenário máximo de impactos ambientais.

O Índice de Acidificação (IA) é calculado dividindo as emissões totais do processo, medidas em SO$_2$ equivalente, pela emissão máxima permitida. Sugere-se adotar o valor de 2.500 mg/Nm^3, que é o valor máximo permitido de emissão, definido pela DN (Deliberação Normativa) n° 11 de 16/12/1986 do COPAM-MG, para fontes não listadas.

O programa computacional permite o cálculo do IA mediante digitação dos dados do inventário ambiental, como mostra a Fig. 3.15. Deve-se entrar com os dados de emissão dos gases no campo correspondente, e o resultado do índice adimensional é apresentado na tela do IA e transportado para a tela final, para o cálculo do IPA.

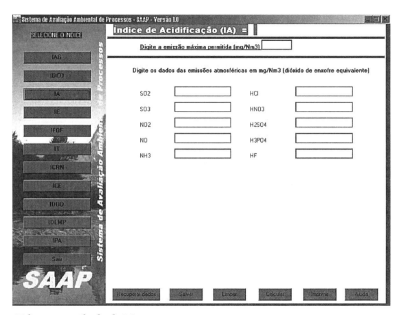

FIG. 3.15 Tela para o cálculo do IA

3.2.4 Índice de eutrofização

A eutrofização é o crescimento excessivo das plantas aquáticas a níveis tais que sejam considerados causadores de interferências nos usos desejáveis do corpo d'água (Thomann; Mueller, 1987).

As plantas aquáticas podem ser classificadas dentro das seguintes categorias (Thomann; Mueller, 1987):

- plantas que se movem livremente com a água: incluem o fitoplâncton microscópico, plantas flutuantes e certos tipos de plantas, como as algas cianofíceas, que podem flutuar na superfície e se mover com a corrente superficial;
- plantas fixas: incluem as plantas aquáticas enraizadas de diversos tamanhos e as plantas microscópicas aderidas (algas bênticas).

Algas são, portanto, uma designação abrangente de plantas simples, a maior parte microscópica, que incluem as plantas de movimentação livre, o fitoplâncton e as algas bênticas aderidas. Em todos os casos, as plantas obtêm a sua fonte de energia primária da energia luminosa pelo processo da fotossíntese (Sperling, 1995).

Quando se introduzem, em um reservatório de água, quantidades elevadas de nutrientes, contendo principalmente fósforo e nitrogênio, há um grande crescimento das populações de algas. Esses nutrientes são, via de regra, oriundos do lançamento de efluentes domésticos e industriais e de fertilizantes.

Dependendo da capacidade de assimilação do corpo d'água, a população de algas poderá atingir valores muito elevados. Em um período de elevada insolação, as algas poderão atingir superpopulações, constituindo uma camada superficial que impede a penetração dos raios solares nas camadas inferiores do corpo d'água, causando a morte das algas dessa região, provocando anaerobiose. Esses eventos de superpopulação de algas são denominados floração das águas (Sperling, 1995).

O processo de eutrofização ocorre principalmente em lagos e reservatórios e, menos frequentemente, em rios. Nestes, porém, em razão da elevada turbidez e velocidade, há piores condições para o crescimento das algas.

O estágio de eutrofização de um lago é caracterizado pelo seu nível de trofia:

- oligotrófico: lago claro e com baixa produtividade;

- mesotrófico: lago com produtividade intermediária;
- eutrófico: lago com produtividade elevada.

Entre as consequências danosas da eutrofização, destaca-se a deterioração da qualidade da água, principalmente pela diminuição do oxigênio dissolvido, pois ocorre um aumento na concentração das bactérias heterotróficas, que se alimentam da matéria orgânica das algas e de outros micro-organismos mortos. Essas bactérias necessitam de oxigênio para a respiração e consomem o oxigênio dissolvido na água.

A anaerobiose provocada pela eutrofização causa a mortandade de peixes e a dissolução de compostos tóxicos, pois, nessa situação, há predominância de condições redutoras no corpo d'água. Além disso, certas algas liberam secreções tóxicas, inibindo a utilização da água para o consumo humano e animal.

Cálculo do índice de eutrofização

Os fatores de conversão kij para transformação dos compostos causadores de eutrofização em NO_3^- equivalente são denominados Potenciais de Eutrofização (PE). Eles foram desenvolvidos para comparar as emissões de diferentes compostos. O potencial de eutrofização é a relação entre o número de moles de nitrogênio atômico liberados de uma molécula da substância *i* no meio ambiente (nNi) dividido pela massa molecular (Mm) dessa substância, multiplicado pela massa molecular do NO_3^-, que é 62,00 g/mol, e dividido por 1, que é o número de moles de nitrogênio atômico liberados pelo NO_3^-, como mostrado na Eq. 3.7 (Helsink University of Technology, 1996; Guinée, 1998):

$$PE = \frac{nN_i}{Mm_i} \times \frac{62,00}{1} \tag{3.7}$$

onde:

PE = potencial de eutrofização;

nNi = número de moles de nitrogênio atômico liberados de uma molécula da substância i no meio ambiente;

Mmi = massa molecular da substância *i* em g/mol.

Os potenciais de eutrofização são baseados na composição média dos organismos aquáticos. Assume-se a formulação $C_{106}H_{263}O_{110}N_{16}P$

como representativa da composição média da biomassa (Guinée, 1998). Heijungs et al. (1992) considera que somente as emissões que contenham nitrogênio e fósforo causam eutrofização.

Para cada nutriente, fósforo ou nitrogênio, é determinada sua capacidade de contribuição para a formação de biomassa, assumindo que o suprimento dos outros nutrientes seja ilimitado. Seguindo essa orientação, 1 mol de biomassa necessita de 16 moles de nitrogênio e 1 mol de fósforo, de acordo com a composição química média da biomassa.

Quando biomassa morta é emitida, o oxigênio requerido para a sua degradação pode ser medido pela demanda química de oxigênio (DQO). Guinée (1998) assume que, para degradar 1 mol de biomassa, necessita-se de 138 moles de O_2.

Guinée (1998) e Heijungs et al. (1992) utilizam o íon PO_4^{3-} como composto de referência para o cálculo da equivalência, em vez do íon NO_3^-. Hauschild e Wenzel (1998) utilizam o nitrato como referência, pois o consideram como o principal composto eutrofizante. Pode-se utilizar também o O_2 medido em termos de DQO. Todas essas três referências podem ser utilizadas, adotando-se os fatores de conversão 1 para o fósforo, 16 para o nitrogênio e 138 para o oxigênio.

Portanto, o fator de caracterização para eutrofização não é dependente do que acontece com determinada substância quando confinada em um reservatório, pois isso pode alterar sua ação no crescimento de algas, dependendo das condições específicas do reservatório. Essa metodologia foi desenvolvida com o objetivo de se obter uma classificação geral que possa ser aceita mundialmente, independentemente de diferenças locais, e porque ainda não se conhece como será a distribuição e o efeito de uma substância emitida nos meios água doce, água marinha, água subterrânea ou solo.

Lindfors et al. (1995) propõem cinco subcategorias, representando cinco cenários:

- ecossistema terrestre, emissão de nitrogênio para o ar;
- ecossistema aquático limitado por fósforo, emissão de fósforo e matéria orgânica para a água;
- ecossistema aquático limitado por nitrogênio, emissão de nitrogênio e matéria orgânica para a água;
- ecossistema aquático limitado por nitrogênio, emissão de nitrogênio para o ar e a água e de matéria orgânica para a água;

- ecossistema aquático, emissão de nitrogênio, fósforo e matéria orgânica para a água e de nitrogênio e fósforo para o ar.

Finnveden et al. (1992) utilizam duas subcategorias para a avaliação de impactos: a eutrofização terrestre, em que as emissões de nitrogênio para o ar e o solo são agregadas, pois o nitrogênio é o nutriente limitante para a maior parte dos ecossistemas da Europa e da América do Norte; e a eutrofização aquática, em que as emissões de nitrogênio e fósforo para a água e o ar, e de matéria orgânica para a água são agregadas.

No futuro, a análise de impactos deve ser modelada para uma categoria que envolva a saúde humana e de ecossistemas. Os potenciais dessa categoria poderiam ser utilizados para combinar efeitos ecotoxicológicos com efeitos de acidificação e eutrofização.

Atualmente, há um consenso em se utilizar os potenciais de eutrofização, mostrados na Tab. 3.12, até que sejam desenvolvidos métodos locais e específicos de determinados ecossistemas para avaliação dessa categoria de impacto ambiental (Guinée, 1998). Este método possui a vantagem de agregar as emissões de compostos eutrofizantes para o ar, o solo e a água em um único indicador.

O valor total do indicador de eutrofização (Ve) é calculado pela Eq. 3.8, cuja unidade é expressa em kg NO_3^- equivalente:

$$Ve = \sum_{j=1}^{m} K_{1,j} \times X_{1,j} = \sum_{j=1}^{m} PE_{1,j} \times m_{1,j} \quad \textbf{(3.8)}$$

onde $m_{1,j}$ é a massa da substância em kg.

O Índice de Eutrofização (IE) é calculado dividindo as emissões totais do processo, medidas em NO_3^- equivalente, pela emissão máxima permitida.

Se não houver um valor para uma emissão máxima de NO_3^-, sugere-se adotar o valor de 3.358 mg/ℓ, que é o valor máximo permitido pela Environmental Protection Agency (EPA) dos Estados Unidos para indústrias de fertilizantes.

TAB. 3.12 FATORES DE CONVERSÃO (PE)

COMPOSTO	PE (kg NO_3^- eq./kg substância)
NO_3^-	1
N total	4,39
P total	31,98
NH_3	3,64
DQO	0,23
NH_4^+	3,64
PO_4^{3-}	10,45
$P_2O_7^{2-}$	11,41

Fonte: Helsink University of Technology (1996); Heijungs et al. (1992).

O programa computacional permite o cálculo do IE mediante digitação dos dados do inventário ambiental, como mostra a Fig. 3.16. Deve-se entrar com os dados de emissão no campo correspondente, e o resultado do índice adimensional é apresentado na tela do IE e transportado para a tela final, para o cálculo do IPA.

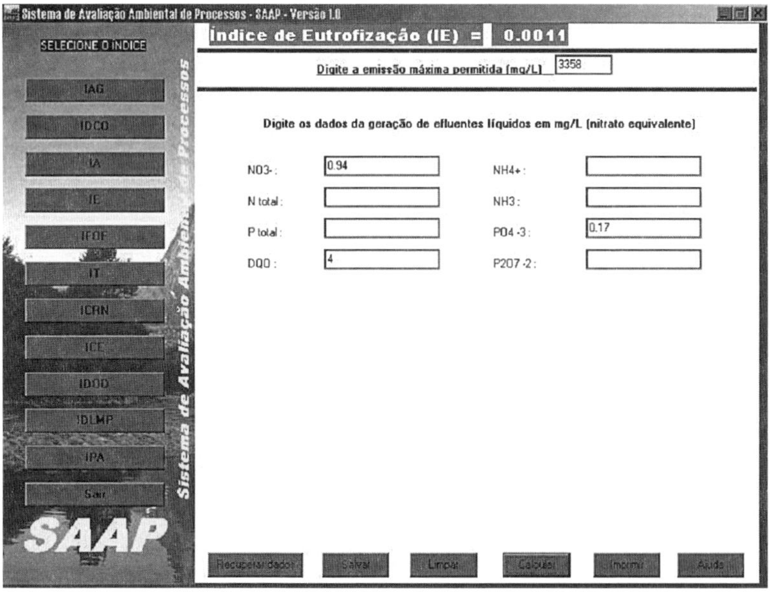

FIG. 3.16 *Tela para o cálculo do IE*

3.2.5 Índice de formação de oxidantes fotoquímicos

O *smog* fotoquímico caracteriza-se pela formação de uma névoa seca, rica não apenas em ozônio, mas também em vários outros compostos orgânicos oxigenados de maior ou menor toxicidade, denominados oxidantes fotoquímicos, e de uma concentração relativamente elevada de radicais livres, isto é, de espécies químicas contendo elétrons desemparelhados que, em virtude disso, são altamente reativas. Ele ocorre quando as condições meteorológicas impedem a mistura vertical do ar dentro da troposfera.

Embora o ozônio, nas camadas altas da atmosfera, seja indispensável para a existência da vida atual do planeta, ele é extremamente tóxico quando presente no ar que respiramos.

O fenômeno caracteriza-se por ser um problema de poluição do ar no nível regional. Segundo Melo (1997) e Guinée (1998), os poluentes primários mais diretamente envolvidos na formação do *smog* fotoquímico são os óxidos de nitrogênio (NO_x), o monóxido de carbono (CO) e os compostos orgânicos voláteis (COV). A radiação solar ultravioleta é indispensável ao processo, e as atmosferas sujeitas ao *smog* apresentam ciclos diários de variação das concentrações dos diversos poluentes envolvidos. Nos períodos de maior insolação, ocorre uma redução na concentração dos COVs e do NO_x e um aumento na concentração do ozônio.

Os principais eventos que provocam a formação do ozônio e dos oxidantes fotoquímicos são a conversão do NO a NO_2, a formação do ozônio e a formação dos oxidantes fotoquímicos (Melo, 1997).

A conversão do NO a NO_2 pode ser explicada pela seguinte reação:

$$2NO + O_2 \rightarrow 2NO_2$$

Entretanto, essa reação é extremamente lenta à temperatura ambiente. Pequenas concentrações de NO_2 presentes na atmosfera, emitidas diretamente pelas fontes ou produzidas pela reação acima, desencadeiam o processo catalisado pela luz solar, que resulta na conversão completa e rápida do NO. O primeiro passo é a dissociação do NO_2, que absorve a radiação solar no comprimento de onda abaixo de 420 nm, gerando uma molécula de NO e um radical de oxigênio:

$$NO_2 + h\nu \rightarrow NO + O$$

O radical do oxigênio reage rapidamente com o oxigênio molecular, formando o ozônio:

$$O + O_2 \rightarrow O_3$$

Porém, o ozônio formado reage prontamente com o NO, ainda presente na atmosfera, formando o dióxido de nitrogênio:

$$O_3 + NO \rightarrow NO_2 + O_2$$

Essa reação é muito rápida, e o ozônio será consumido integralmente enquanto ainda existir, na atmosfera, NO disponível para a reação. Consequentemente, a concentração de ozônio não poderá aumentar enquanto houver NO disponível. Portanto, próximo às fontes de emissão de NO, a concentração de ozônio será baixa, pois ele será consumido para a conversão.

Ocorre também um equilíbrio entre as concentrações de NO, NO_2 e O_3 na atmosfera, em função das condições de irradiação. Durante o dia, a radiação solar promove a dissociação do NO_2, e o NO presente na atmosfera será convertido a NO_2. Durante a noite, o NO poderá acumular-se. Pela manhã, o NO presente na atmosfera, bem como aquele que vier a ser emitido pelas fontes durante o dia, será convertido a NO_2, a alguma distância das fontes.

Esse mecanismo não poderia explicar o aumento da concentração de ozônio que se verifica nas atmosferas poluídas, pois, para cada molécula de NO_2 formada, há o consumo de uma molécula de O_3. O aumento da concentração de ozônio só é possível em razão da presença dos compostos orgânicos voláteis. Eles oferecem as condições para que o NO seja convertido a NO_2, sem que haja consumo do ozônio produzido.

Os compostos orgânicos voláteis (COV), representados por RH, reagem com o radical de oxigênio, formando o radical R e o radical OH:

$$O + RH \rightarrow R + OH$$

O radical R terá grandes chances de reagir com o oxigênio molecular atmosférico, formando um outro radical, denominado peróxido de alquila:

$$R + O_2 \rightarrow RO_2$$

O radical OH formado reagirá, mais provavelmente, com uma molécula de COV, ou com o CO, que também está presente na atmosfera como poluente:

$$OH + RH \rightarrow R + H_2O$$
$$OH + CO \rightarrow CO_2 + H$$

O radical R então formado reagirá, formando também um peróxido de alquila, e o radical de hidrogênio reagirá, mais provavelmente, com o oxigênio atmosférico, formando o radical hidroperóxido:

$$R + O_2 \rightarrow RO_2$$
$$H + O_2 \rightarrow HO_2$$

Os radicais oxigenados RO_2 e HO_2 são os principais responsáveis pela conversão do NO a NO_2:

$$RO_2 + NO \rightarrow NO_2 + RO$$
$$HO_2 + NO \rightarrow NO_2 + OH$$

Os radicais RO e OH formados nas reações acima se inserem novamente no ciclo de reações. O resultado final é um conjunto de reações que resultam na conversão do NO a NO_2, sem que haja consumo do ozônio.

Os oxidantes fotoquímicos apresentam efeitos adversos não apenas sobre a saúde humana, mas também sobre os recursos naturais. O ozônio, principal oxidante fotoquímico, é altamente tóxico e um indicador da ocorrência do *smog* fotoquímico, que inclui uma série de outras espécies químicas decorrentes dos processos de oxidação dos compostos orgânicos voláteis.

O *smog* é formado pela oxidação lenta dos COVs, catalisada pela presença dos NO_x e pela luz solar na troposfera (Guinée, 1998). Os oxidantes fotoquímicos são produtos intermediários desses processos e apresentam efeitos ambientais negativos muito mais graves do que aqueles que seriam ocasionados pelos poluentes primários (NO_x, COV), na ausência de reações.

Dentre os demais oxidantes fotoquímicos, alguns apresentam toxicidade bastante elevada. O mais conhecido deles é o nitrato de peroxiacetila (NPA), cujo provável mecanismo de formação decorre da oxidação de olefinas ou aldeídos, como descrito pelas reações seguintes, que são contribuintes dos COVs:

$$CH_3CO + O_2 \rightarrow CH_3COO_2$$
$$CH_3COO_2 + NO_2 \rightarrow CH_3COONO_3 \text{ (NPA)}$$

Outros componentes importantes dos oxidantes fotoquímicos são o peróxido de hidrogênio (H_2O_2), o radical nitrato (NO_3), bem como aldeídos e cetonas.

Os radicais livres, responsáveis pela propagação das reações em cadeia que caracterizam o processo de oxidação fotoquímica, são também relevantes do ponto de vista da saúde, uma vez que são ativos biologicamente e desencadeiam os processos que provocam o envelhecimento humano.

Cálculo do índice de formação de oxidantes fotoquímicos

Os fatores de conversão kij para transformação dos compostos formadores de oxidantes fotoquímicos em etileno (C_2H_4) equivalente são denominados Potenciais de Formação de Oxidantes Fotoquímicos (PFOFs). Eles foram desenvolvidos para comparar as emissões de diferentes compostos. O potencial de formação de oxidantes fotoquímicos é a taxa entre a mudança na concentração do ozônio, devido à emissão de um composto orgânico volátil, e a mudança na concentração de ozônio, devido à emissão de etileno, como descrito pela Eq. 3.9 (Guinée, 1998):

$$PFOF_i = \frac{a_i / b_i}{a_{C_2H_4} / b_{C_2H_4}} \qquad (3.9)$$

onde:

$PFOF_i$ = potencial de formação de oxidantes fotoquímicos;

a_i = mudança na concentração de ozônio da troposfera, devida à emissão do composto orgânico volátil i no meio ambiente;

b_i = emissão integrada de composto orgânico volátil i no tempo t.

O potencial de formação de oxidantes fotoquímicos é estimado como a quantidade de ozônio produzido. A quantidade de ozônio fotoquímico produzido por um composto é calculada pela produção de ozônio com e sem presença desse composto. Isso significa que os PFOFs, ao contrário dos PAGs e dos PDCOs, são calculados com base em médias, em vez de na ação individual dos compostos.

Heijungs et al. (1992) calculam esses potenciais baseados na ação individual dos compostos. Dessa maneira, as emissões dos NO_x seriam incluídas. No cálculo dos potenciais baseados em médias, mostrados na Tab. 3.13, Derwent e Jenkin (1990) classificam somente os compostos orgânicos voláteis. Embora o NO_x não seja consumido nas reações químicas, sua concentração atmosférica afeta o curso da produção de ozônio. O NO_x também é removido da atmosfera pela deposição ácida e pela eutrofização, e deve ser suprido para manter as reações fotoquímicas.

Nos métodos para calcular os PFOFs, a curva emissão-efeito é considerada uma linha reta passando pela origem. Isso é uma aproximação extremamente grosseira da situação atual, que pode introduzir erros para algumas substâncias, inclusive o NO_x. Em princípio, um PFOF poderia ser calculado para o NO_x; porém, no caso de as emissões de NO_x serem zero,

Tab. 3.13 Fatores de conversão (PFOF)

Composto	PFOF (kg C_2H_4 eq./kg composto)	Composto	PFOF (kg C_2H_4 eq./kg composto)
Metano	0,03	Benzeno	0,13
Etano	0,02	Tolueno	0,41
Propano	0,16	o-xileno	0,41
N-butano	0,15	m-xileno	0,78
I-butano	0,19	p-xileno	0,63
N-pentano	0,09	Etilbenzeno	0,35
I-pentano	0,12	n-propilbenzeno	0,25
N-hexano	0,10	i-propilbenzeno	0,35
2-metilpentano	0,19	1,2,3-trimetilbenzeno	0,75
3-metilpentano	0,11	1,2,4-trimetilbenzeno	0,86
2,2-dimetilbutano	0,12	1,3,5-trimetilbenzeno	0,74
2,3-dimetilbutano	0,25	o-etiltolueno	0,31
N-heptano	0,13	m-etiltolueno	0,41
2-metil-hexano	0,12	p-etiltolueno	0,36
3-metil-hexano	0,11	Formaldeído	0,49
N-octano	0,12	Acetaldeído	0,33
2-metil-heptano	0,11	Propionaldeído	0,28
N-nonano	0,10	Butiraldeído	0,17
2-metiloctano	0,12	i-butiraldeído	0,43
N-decano	0,08	Valeraldeído	0,01
2-metilnonano	0,08	Acetona	0,09
N-undecano	0,08	Metil etil cetona	0,17
N-duodecano	0,07	Metil i-butil cetona	0,26
Etileno	1,00	Metanol	0,09
Propileno	0,75	Etanol	0,04
1-buteno	0,57	Acetato de metila	0,02
2-buteno	0,82	Acetato de etila	0,11
2-penteno	0,65	i-propil acetato	0,17
1-penteno	0,40	n-butil acetato	0,14
2-metilbuteno	0,52	i-butil acetato	0,21
2-metilbuteno	0,60	Cloreto de metileno	0,01
2-metilbutadieno	0,71	Metilclorofórmio	0,01
Butileno	0,62	Tetracloroetileno	0,01
Acetileno	0,11	Tricloroetileno	0,06

Fonte: Helsink University of Technology (1996); Derwent e Jenkin (1990).

essa abordagem levaria ao resultado absurdo de não produção de ozônio, o que se explica pelo fato de a curva emissão-efeito do NO_x não ser linear. Algumas tentativas, ainda sem sucesso, foram feitas para determinar um valor do PFOF para o NOx. Finnveden et al. (1992) propuseram dividir a categoria em duas subcategorias: uma para NO_x e outra para COVs. Todavia, eles não elaboraram essas propostas definindo fatores de caracterização para o NO_x.

Guinée (1998) recomenda não alocar a emissão de NO_x na categoria "formação de oxidantes fotoquímicos". Diferenças na concentração atmosférica desse composto podem resultar em diferentes contribuições dos compostos orgânicos voláteis para a produção do ozônio.

No futuro, a análise de impactos deve ser modelada para uma categoria que envolva a saúde humana e de ecossistemas. Os potenciais dessa categoria poderiam ser usados para combinar efeitos ecotoxicológicos com efeitos de acidificação e eutrofização.

Atualmente, há um consenso em se utilizar os potenciais de formação de oxidantes fotoquímicos até que sejam desenvolvidos fatores de conversão da saúde humana e de ecossistemas para avaliação dessa categoria de impacto ambiental (Guinée, 1998).

O valor total do indicador de formação de oxidantes fotoquímicos (Vfof) é calculado pela Eq. 3.10, cuja unidade é expressa em kg C_2H_4 equivalente:

$$Vfof = \sum_{j=1}^{m} K_{1,j} \times X_{1,j} = \sum_{j=1}^{m} PFOF_{1,j} \times m_{1,j} \qquad (3.10)$$

onde $m_{1,j}$ é a massa da substância em kg.

O Índice de Formação de Oxidantes Fotoquímicos (IFOF) é calculado dividindo as emissões totais do processo, medidas em C_2H_4 equivalente, pela emissão máxima permitida. Se não houver um valor para uma emissão máxima de etileno, sugere-se adotar o valor de 0,02 mg/Nm^3, que é o valor máximo permitido pela Environmental Protection Agency (EPA) dos Estados Unidos.

O programa computacional permite o cálculo do IFOF mediante digitação dos dados do inventário ambiental, conforme mostra a Fig. 3.17. Deve-se entrar com os dados de emissão no campo correspondente, e o resultado do índice adimensional é apresentado na tela do IFOF e transportado para a tela final, para o cálculo do IPA.

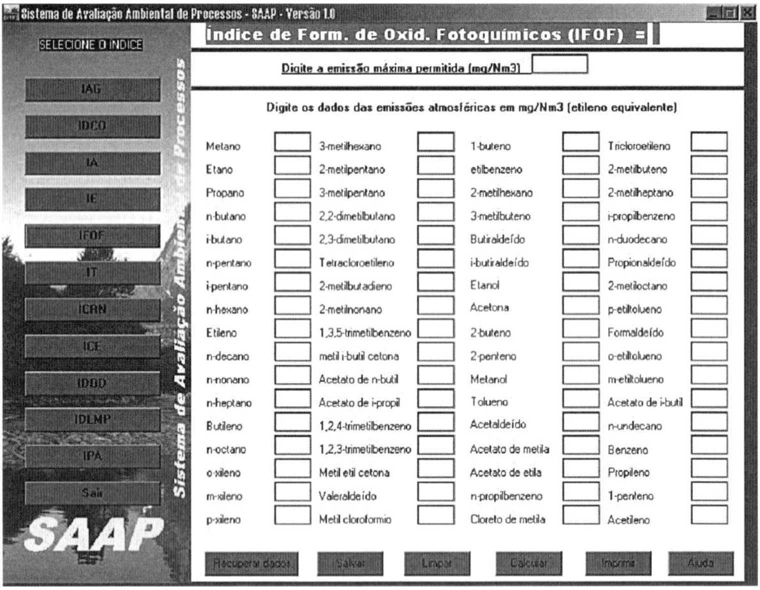

FIG. 3.17 *Tela para o cálculo do IFOF*

3.2.6 Índice de toxicidade

Esta categoria de impacto engloba os impactos ecotoxicológicos e a toxicidade humana. A área de estudo é a saúde dos ecossistemas e a saúde humana. A toxicidade pode ser aguda ou crônica, e milhares de substâncias químicas podem contribuir, direta ou indiretamente, para efeitos ambientais adversos. Pretende-se, com esta categoria, avaliar os efeitos das substâncias tóxicas nos ecossistemas aquáticos e terrestres e na saúde humana.

Os produtos químicos têm um papel essencial no progresso socioeconômico mundial. Utilizados de maneira correta, podem ser rentáveis e não oferecer riscos. Contudo, com relação a vários deles, ainda se deve definir em que condições podem ser utilizados. A falta de dados científicos para avaliar os riscos inerentes ao uso de inúmeros produtos químicos e a falta de meios para avaliar aqueles para os quais já se dispõe de dados científicos são barreiras a serem transpostas para uma avaliação mais correta dessa categoria de impacto.

Tem-se verificado neste século, nas principais regiões industrializadas do planeta, a contaminação em grande escala por substâncias químicas, com graves prejuízos à saúde, às estruturas genéticas, à reprodução e ao meio ambiente. A recuperação dessas regiões necessita de investimentos importantes e do desenvolvimento de novas técnicas. Somente agora se começa a compreender os efeitos a longa distância da poluição, que podem influenciar processos físicos e químicos fundamentais da atmosfera e do clima terrestre, e a se reconhecer a importância desses fenômenos na manutenção da vida terrestre. Diversos organismos internacionais participam de projetos visando ao emprego seguro de produtos químicos, e numerosos países criaram programas de trabalho de repercussão internacional sobre essa questão, pois os riscos ligados às substâncias químicas ultrapassam as fronteiras geográficas e políticas (Pereira, 1999).

Cálculo do índice de toxicidade

Heijungs et al. (1992) elaboraram, para os meios ar, água e solo, fatores de caracterização para a emissão de substâncias tóxicas ao ser humano, utilizando os consumos *per capita* diários de ar e água, a população mundial e os volumes de ar, água e solo terrestres. Usa-se também, para o cálculo do indicador, o consumo diário aceitável de uma substância por quilo de peso. A soma do produto dos três fatores de emissão para o ar, o solo e a água resulta no valor do indicador. Heijungs et al. (1992) consideram que esses fatores de caracterização para a toxicidade humana deveriam ser considerados como uma indicação, até que métodos melhores sejam desenvolvidos.

A toxicidade é um efeito combinado das intoxicações crônica e aguda, que, por sua vez, são função de bioacumulação e mobilidade no meio ambiente. Os impactos toxicológicos estão em uma categoria para a qual o transporte de substâncias entre os meios representa um papel importante. As substâncias químicas não permanecem estáticas no compartimento ambiental para o qual foram emitidas. Elas tendem a se espalhar para os outros compartimentos. Uma substância tóxica pode trazer mais riscos a outro compartimento ambiental do que no compartimento para o qual foi emitida originalmente. Por exemplo, uma substância tóxica volátil emitida para a água evapora, em grande parte, para o ar, onde pode trazer riscos à saúde dos indivíduos que vierem a respirar o ar contaminado. Vários autores recomendam incorporar a dispersão de poluentes nesta categoria (Heijungs et al., 1992; Lindfors et al., 1995; Hauschild; Wenzel, 1998; Guinée, 1998).

Hauschild e Wenzel (1998) e Huijbregts (1999) desenvolveram fatores de caracterização para as toxicidades humana, terrestre e aquática considerando a dispersão de poluentes em regiões de clima temperado.

Esses fatores foram desenvolvidos com base no sistema climático europeu e tendo como substância referência o composto 1,4-diclorobenzeno. Portanto, não é confiável utilizar esse modelo em regiões tropicais. Além disso, os limites máximos de emissão da substância 1,4-diclorobenzeno não são definidos para nenhuma legislação ambiental estrangeira.

Seppälä (1999) avalia a ecotoxicidade nas subcategorias toxicidade aquática aguda, toxicidade aquática crônica e toxicidade terrestre crônica. São utilizados na avaliação a emissão de metais pesados e compostos orgânicos persistentes, para a atmosfera e para a água.

Goedkoop et al. (1995) utilizam os fatores de caracterização para metais pesados e compostos carcinogênicos. Os metais pesados são convertidos em chumbo equivalente e os compostos carcinogênicos, em hidrocarbonetos policíclicos aromáticos. Oliveira (2000) utiliza esses fatores de caracterização para avaliar a toxicidade humana crônica decorrente da emissão de processos metalúrgicos.

O modelo desenvolvido neste trabalho avalia a toxicidade humana crônica e aguda utilizando os fatores de caracterização definidos por Goedkoop et al. (1995) para metais pesados e compostos carcinogênicos, e os fatores para emissão de dioxinas e geração de resíduos sólidos perigosos.

Os fatores de conversão *kij* para transformação dos compostos causadores de toxicidade em unidade equivalente são denominados Potenciais de Toxicidade (PT). Eles foram desenvolvidos para comparar as emissões de diferentes compostos. O potencial de toxicidade é a relação entre o consumo *per capita* de ar ou água (CP) multiplicado pela população mundial (M), dividido pelo volume mundial de ar ou água (V) e pela ingestão diária máxima aceitável da substância tóxica (IDMA), como descrito pela Eq. 3.11 (Goedkoop et al., 1995; Guinée, 1998):

$$PT = \frac{CP}{V} \times \frac{M}{IDMA} \qquad (3.11)$$

onde:
PT = potencial de toxicidade;
CP = consumo *per capita* de ar ou água;
M = população mundial;
V = volume mundial de ar ou água;
IDMA = ingestão diária máxima aceitável da substância tóxica.

Os metais pesados são assimilados pelo corpo humano por meio da respiração de vapores, fumos ou poeiras, pela ingestão de alimentos contaminados ou pelo contato da boca com ferramentas, dedos ou outros objetos contaminados. A principal característica dos metais é a sua bioacumulação, que potencializa os efeitos toxicológicos. Segundo Mendes (1980), o principal efeito tóxico do chumbo realiza-se no tecido hematopoiético, fígado e rins. A ação dos metais também afeta o sistema nervoso em nível central e em nível periférico, causando encefalopatias e paralisias dos músculos extensores. Para metais pesados, os fatores de conversão são calculados para o chumbo, adotado como substância referência. A Tab. 3.14 apresenta esses fatores para emissão de metais para o ar e para a água.

Para os compostos carcinogênicos, adotou-se como substância referência os hidrocarbonetos policíclicos aromáticos (HPA). O benzeno é um desses compostos, usado extensivamente como solvente na indústria química ou como matéria-prima para a fabricação de outros produtos. Segundo Deichmann et al. (1962), esses compostos, quando inalados, causam imediatamente edemas pulmonares, pneumonias e hemorragias. Quando ocorre exposição a altas concentrações, pode haver convulsões seguidas de paralisia e perda de consciência, além de irritação das membranas dos olhos, do nariz e do sistema respiratório. A médio e longo prazos, são responsáveis pelo desenvolvimento de tumores cancerígenos. Os compostos carcinogênicos são convertidos em HPA equivalente pelos fatores da Tab. 3.15.

As dioxinas apenas recentemente têm despertado o interesse da comunidade internacional. Dioxina é

TAB. 3.14 FATORES DE CONVERSÃO PARA METAIS (PT)

EMISSÃO PARA O AR	PT (kg Pb eq./kg substância)
CdO	1
Cd	1,35
Hg	1,35
Mn	3,64
Pb	2,82
As	2,07
EMISSÃO PARA A ÁGUA	PT (kg Pb eq./kg substância)
B	0,03
Ba	0,14
Cd	3
Cr	0,2
Cu	0,005
Hg	10
Mn	0,02
Mo	0,14
Ni	0,5
Pb	1
Sb	2

Fonte: Goedkoop et al. (1995).

TAB. 3.15 FATORES DE CONVERSÃO PARA COMPOSTOS CARCINOGÊNICOS (PT)

COMPOSTO	PT (kg HPA eq./kg substância)
As	0,044
Benzeno	0,000011
Benzopireno	1
Cr^{+6}	0,44
C_xH_y aromático	0,000011
Etilbenzeno	0,000011
Fluoranteno	1
Ni	0,44
HPA	1
Piche e alcatrão	0,000011

Fonte: Goedkoop et al. (1995).

o termo geral para os compostos aromáticos clorados, que consistem principalmente de policloro-p-dibenzodioxinas (PCDDs) e de policloro-dibenzofuranos (PCDFs). As estruturas das dioxinas e furanos possuem dois anéis de benzeno com até oito átomos de cloro, ligados por um (dioxina) ou dois (furano) átomos de oxigênio.

As principais causas da formação de dioxinas são atividades industriais, incineração de resíduos e queima de combustíveis. Jacomino et al. (1999) afirmam que a ressíntese é a principal causa da formação das dioxinas, que, sob a influência de catalisadores, são formadas a partir de compostos orgânicos não clorados e de fontes de cloro. A faixa de temperatura em que há a formação da dioxina é de 200 a 450°C.

Vários incidentes internacionais têm ocorrido em decorrência da contaminação por dioxinas. A alimentação contribui com aproximadamente 95% do total de exposição de humanos a dioxinas. As principais fontes de absorção, via alimentação, são o leite e seus derivados (45%), gorduras (principalmente óleos de peixes) em produtos de origem industrial (22%) e produtos à base de carnes bovina e suína (33%). Por meio da exposição oral, PCDDs e PCDFs são absorvidos pelo aparelho gastrointestinal, sendo altamente dependentes da matriz onde se encontram. A absorção a partir de matrizes oleosas é de 30 a 100%, e quando a matriz é não biológica, a absorção diminui consideravelmente. Os compostos se acumulam em tecidos com grande quantidade de gordura, e o fígado é o principal órgão de armazenamento. A dioxina é considerada pela Agência Internacional de Pesquisa contra o Câncer como uma substância cancerígena (Pereira, 1999; Jacomino et al., 1999).

Das 210 dioxinas, somente 17 são consideradas tóxicas. As que contêm de um a três átomos de cloro não são consideradas como tal. A partir das que possuem quatro, somente as que apresentam o cloro nas posições 2,3,7 e 8 são consideradas tóxicas. A mais tóxica é a 2,3,7,8-tetracloro-dibenzo-dioxina (TCDD), adotada como referência para o cálculo dos fatores de conversão, que são mostrados na Tab. 3. 16 (Otan, 1998).

Para a avaliação da toxicidade dos resíduos sólidos são utilizadas as normas NBR série 10000 da Associação Brasileira de Normas Técnicas (ABNT), que editou um conjunto de normas para padronizar, em nível nacional, a classificação dos resíduos:

- NBR 10004: Resíduos Sólidos Classificação
- NBR 10005: Lixiviação de Resíduos • Procedimento
- NBR 10006: Solubilização de Resíduos • Procedimento
- NBR 10007: Amostragem de Resíduos • Procedimento

De acordo com a norma NBR 10004, os resíduos sólidos classificam-se em:

- Classe I: Perigosos
- Classe II A: Não inertes
- Classe II B: Inertes

TAB. 3.16 FATORES DE CONVERSÃO PARA DIOXINAS (PT)

COMPOSTO	PT (kg TCDD eq./kg substância)
Monoclorodibenzo-dioxina	0
Diclorodibenzodio-xina	0
Triclorodibenzodio-xina	0
2,3,7,8-tetraclo-rodibenzodioxina (TCDD)	1
2,3,7,8-pentaclorodi-benzodioxina	0,5
2,3,7,8-hexaclorodi-benzodioxina	0,1
2,3,7,8-heptaclorodi-benzodioxina	0,01
2,3,7,8-octaclorodi-benzodioxina	0,001

Fonte: Pereira (1999); Jacomino et al. (1999); Otan (1998).

São classificados como classe I, ou perigosos, os resíduos que, em função de suas características de inflamabilidade, corrosividade, reatividade, patogenicidade e toxicidade, podem apresentar risco à saúde pública, provocando ou contribuindo para um aumento da mortalidade ou incidência de doenças, e/ou apresentar efeitos adversos ao meio ambiente, quando manuseados ou dispostos de forma inadequada.

As listagens 1 e 2 da referida norma fornecem uma relação de resíduos sólidos industriais reconhecidamente perigosos. Por essas listagens, os resíduos do tratamento de águas residuárias provenientes de operações de eletrodeposição são reconhecidamente perigosos e pertencem à classe

I, por conterem cádmio, níquel, cromo hexavalente e complexos de cianeto. Todavia, Santos (1997) determinou que alguns desses resíduos não pertencem à classe I, e que, portanto, em indústrias galvânicas que não trabalham com níquel e cádmio, realizar a classificação e caracterização dos resíduos sólidos é fundamental, pois há a possibilidade de eles não serem perigosos.

A propriedade de toxicidade é medida pelo ensaio de lixiviação, definido pela norma NBR 10005. Para o resíduo ser classificado como perigoso, os poluentes no extrato lixiviado devem apresentar teores superiores aos padrões constantes da listagem 7 da norma NBR 10004.

Os resíduos inertes ou classe II B são definidos pelo teste de solubilização, de acordo com a norma NBR 10006. Nenhum de seus constituintes solubilizados deve apresentar teores superiores aos padrões definidos na listagem 8 da norma NBR 10004. Por sua vez, os resíduos não inertes ou classe II A são aqueles que não se enquadram tanto na classe I como na classe II B, podendo apresentar propriedades de combustibilidade, biodegradabilidade ou solubilidade em água.

O ensaio de lixiviação é essencial para determinar a periculosidade de um resíduo. Ele é realizado em pH = 5,0 utilizando o ácido acético como retificador de pH. Esse procedimento visa simular as condições impostas aos resíduos quando são dispostos em lixões, em conjunto com o lixo doméstico, que contém quantidades significativas de matéria orgânica.

O aparelho agitador *jar test* é recomendado para a realização desse ensaio, de modo a evitar a estratificação da amostra, garantir agitação homogênea e submeter todas as partículas da amostra ao contato com o líquido extrator. São necessários, também, um medidor de pH e um aparelho de filtração a vácuo com filtro de 0,45 mm.

A amostra a ser ensaiada deve conter, no mínimo, 100 g de massa com granulometria abaixo de 9,5 mm. Se a granulometria for superior, a amostra deve ser cortada ou quebrada até se atingir esse requisito.

Para iniciar o teste, deve-se adicionar água deionizada ao resíduo na proporção 16:1. Iniciada a agitação, mede-se o pH. Se este for inferior ou igual a 5,0, não deve ser alterado; se for superior a 5,0, deve ser corrigido para 5,0 ± 0,2, mediante adição de ácido acético 0,5 N. O pH deve ser medido em mais três etapas: a primeira após 15 minutos, a segunda após 30 minutos e a terceira após 60 minutos, contados a partir do final da etapa anterior. Se houver variação do pH em quaisquer dessas etapas, deve-se corrigi-lo para 5,0 ± 0,2 e repetir a operação até que a variação do pH seja igual ou inferior a 0,5. Se não houver variações, são desnecessárias novas adições.

O limite máximo de ácido acético 0,5 N que pode ser utilizado é de 4,0 mℓ/g da massa de sólido. Portanto, pode-se utilizar um máximo de 440 mℓ da solução ácida para corrigir o pH de cada amostra.

Após a correção inicial do pH, agita-se a mistura por um período de 24 horas. Se, após esse período, o pH da solução for superior a 5,2 e ainda não tiver sido utilizado todo o ácido, ajusta-se novamente o pH para 5,0 ± 0,2, prolongando-se a agitação por mais 4 horas. Nesse período, o pH deve ser medido e corrigido de hora em hora. Se todo o ácido já tiver sido utilizado, deve-se terminar a agitação.

Finalizada a agitação, adiciona-se água deionizada às amostras, de acordo com a Eq. 3.12:

$$M = 440 - m \qquad (3.12)$$

onde:

M = massa de água deionizada (g);

m = massa de ácido acético 0,5 N adicionado (g).

Adicionada a água deionizada, deve-se realizar a filtração a vácuo, com membrana de 0,45 mm de porosidade. O sólido retido deve ser descartado e o filtrado, estocado a 4°C e analisado para verificar a toxicidade do resíduo. Os padrões constantes da listagem 7 da norma NBR 10004 são apresentados na Tab. 3.17. Eles são os fatores de conversão para o composto pentaclorofenol equivalente e representam a emissão máxima permitida, sendo utilizados para a avaliação da toxicidade dos resíduos sólidos.

No futuro, devem ser desenvolvidos fatores de caracterização para a toxicidade humana, terrestre e aquática que considerem a dispersão de poluentes em regiões de clima tropical, abrangendo o maior número possível de substâncias tóxicas.

O valor total do indicador de toxicidade (Vt) é calculado pela Eq. 3.13, cuja unidade é expressa em kg equivalente:

$$Vt = \sum_{j=1}^{m} K_{1,j} \times X_{1,j} = \sum_{j=1}^{m} PT_{1,j} \times m_{1,j} \qquad (3.13)$$

Tab. 3.17 Fatores de conversão para resíduos sólidos (PT)

Substância	Emissão máxima permitida (mg/ℓ)
As	1,0
Ba	70,0
Cd	0,5
Pb	1,0
Cr total	5,0
F⁻	150,0
Hg	0,1
Ag	5,0
Se	1,0
Aldrin	0,003
Clordano	0,02
DDT	0,2
Dieldrin	0,003
Endrin	0,06
Epóxi-heptacloro	0,003
Heptacloro	0,003
Hexaclorobenzeno	0,1
Lindano	0,2
Metoxicloro	2,0
Pentaclorofenol	0,9
Toxafeno	0,5
Organofosforados	10,0
Carbamatos	10,0

Fonte: ABNT-NBR 10004 (2004).

onde $m_{1,j}$ é a massa da substância emitida em kg.

O Índice de Toxicidade de cada tipo de contaminante é calculado dividindo as emissões totais do processo – medidas em Pb equivalente para metais; hidrocarbonetos policíclicos aromáticos (HPA) equivalente para compostos carcinogênicos; 2,3,7,8-tetracloro-dibenzo-dioxina (TCDD) equivalente para dioxinas; e pentaclorofenol equivalente para resíduos sólidos – pela emissão máxima permitida. O Índice de Toxicidade total (IT) é calculado pela média aritmética dos índices individuais utilizados.

O programa computacional permite o cálculo do IT mediante digitação dos dados do inventário ambiental. Deve-se selecionar o tipo de contaminante, como mostrado na Fig. 3.18, entrar com os dados de emissão no campo correspondente, e o resultado do índice adimensional é transportado para a tela do IT, após o acionamento do botão "calcular" de cada uma das telas. O resultado do índice adimensional total é mostrado na tela do IT e transportado para a tela final, para o cálculo do IPA.

Quando a tela de metais é acionada, deve-se entrar com os dados de emissão para os diversos metais tóxicos. Sugere-se adotar o valor de 1 mg/ℓ, que é o valor máximo permitido de emissão, definido pela DN n° 10 de 16/12/1986 do COPAM-MG para efluentes líquidos. Porém, se não houver um valor para emissão máxima de chumbo para o ar, sugere-se adotar o valor de 4,5 mg/Nm³, que é o valor máximo de chumbo permitido pela Environmental Protection Agency (EPA) dos Estados Unidos. A Fig. 3.19 apresenta a tela para o cálculo da toxicidade dos metais.

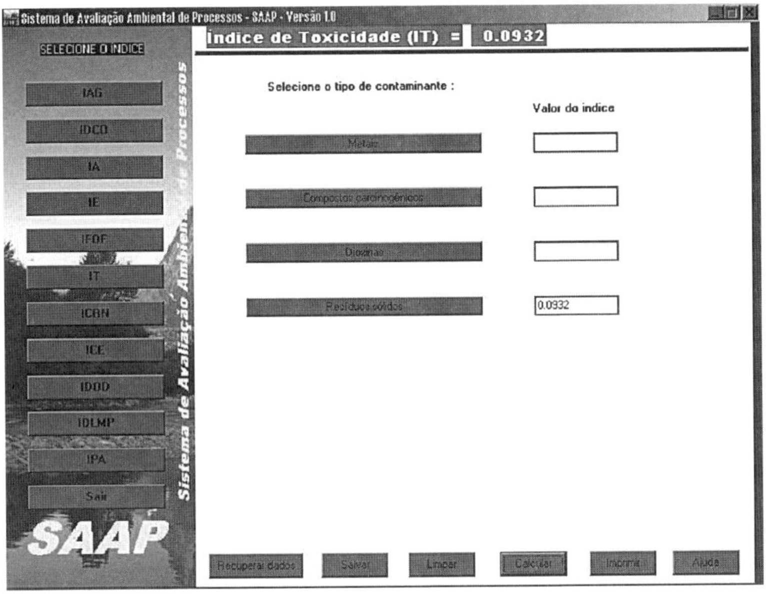

FIG. 3.18 *Tela para o cálculo do IT*

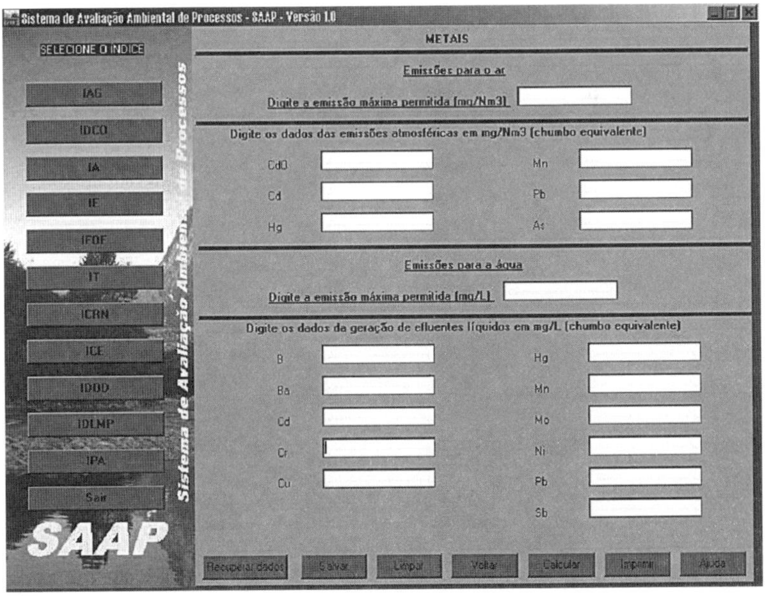

FIG. 3.19 *Tela para o cálculo da toxicidade dos metais*

Com o acionamento da tela de compostos carcinogênicos, mostra-da na Fig. 3.20, é possível entrar com os dados de emissão para o ar dos respectivos poluentes. Se não houver um valor para uma emissão máxima permitida de HPA, sugere-se adotar o valor definido pela Environmental Protection Agency (EPA) dos Estados Unidos.

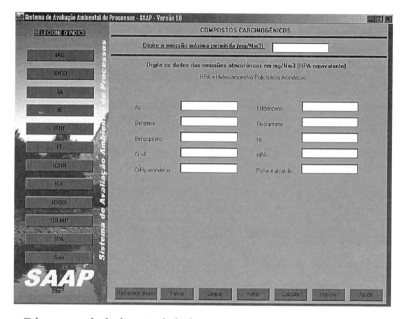

FIG. 3.20 *Tela para o cálculo da toxicidade de composto carcinogênicos*

A toxicidade das dioxinas é calculada acionando-se a respectiva tela, mostrada na Fig. 3.21, e entrando com os dados de emissão no respectivo campo. Se não houver um valor para uma emissão máxima de TCDD para o ar, sugere-se adotar o valor de 1 ng/Nm^3, que é o valor máximo permitido adotado pelos países industrializados.

A toxicidade dos resíduos sólidos é calculada utilizando-se os resultados do ensaio de lixiviação. O programa permite o cálculo da toxicidade relacionada a 15 resíduos diferentes. Na tela do índice de toxicidade, deve-se selecionar o resíduo para o qual será digitado o resultado do ensaio de lixiviação, conforme mostra a Fig. 3.22. Após a seleção do resíduo, abre-se a tela dos resíduos sólidos, mostrada na Fig. 3.23, que permite a entrada dos resultados obtidos no ensaio. Eles serão divididos pelos valores máximos admitidos pela norma NBR 10005, quando acionado o botão "calcular", e retornarão o valor do índice para a tela do índice de toxicidade. Após o cálculo do índice de cada resíduo selecionado, deve-se obrigatoriamente digitar a geração de cada um. O índice de toxicidade é calculado pela média dos índices individuais do resíduo ponderada pela geração deste, e o resultado é transportado para a tela do IT, no campo referente aos resíduos sólidos.

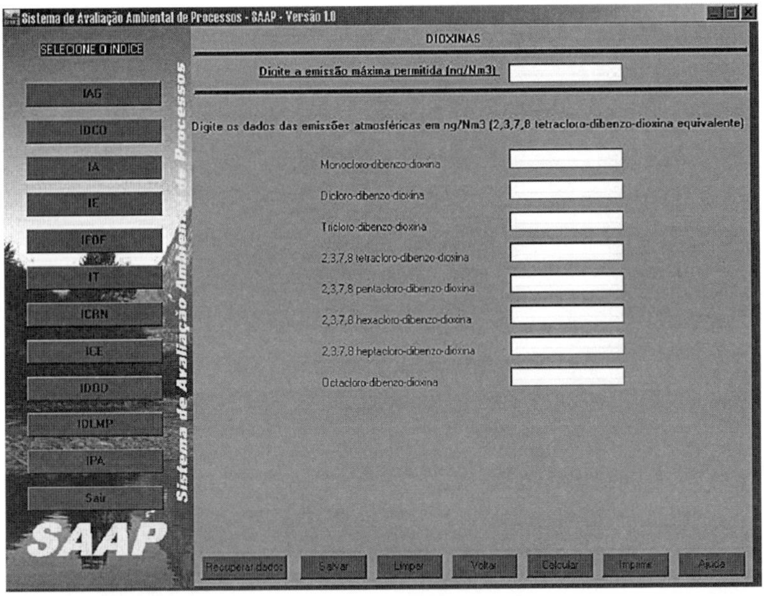

FIG. 3.21 *Tela para o cálculo da toxicidade de dioxinas*

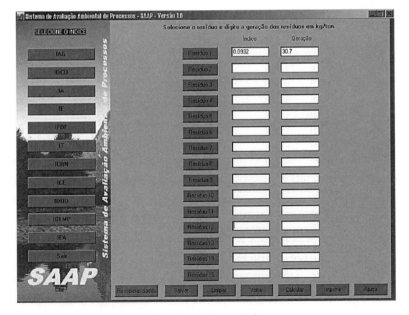

FIG. 3.22 *Tela para o cálculo do índice dos resíduos sólidos*

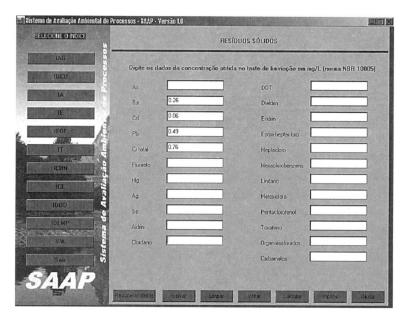

FIG. 3.23 Tela para o cálculo da toxicidade dos resíduos sólidos

3.2.7 Índice de consumo de recursos naturais

Segundo a Agenda 21, costuma-se definir a Terra como uma entidade física, em termos de sua topografia e sua natureza espacial. Uma visão integradora mais ampla também inclui no conceito os recursos naturais, que podem ser definidos como bens e serviços supridos pelo meio ambiente, tais como os solos, os combustíveis, os minérios, a água e a biota que compõem a Terra. Esses componentes estão organizados em ecossistemas que oferecem uma grande variedade de serviços essenciais para a manutenção da integridade dos sistemas que sustentam a vida e a capacidade produtiva do planeta.

A disponibilidade dos recursos naturais pode variar com o tempo e de acordo com as condições de gerenciamento e os usos a eles atribuídos. As crescentes necessidades humanas e a expansão das atividades econômicas estão exercendo uma pressão cada vez maior sobre os recursos terrestres, criando competição e conflitos. O aumento da população e da produção acarretou uma necessidade maior e mais complexa de recursos naturais, alterando o delicado equilíbrio de vários ecossistemas do planeta.

Os recursos naturais são tradicionalmente divididos em recursos renováveis e não renováveis. Guinée (1998), porém, distingue três tipos de recursos: depósitos, reservas e de fluxo. Depósitos são recursos que não são regenerados dentro do tempo de vida humana, como os combustíveis fósseis, os minerais, os sedimentos e outros. Reservas são recursos que podem ser regenerados dentro do tempo de vida humana, como a água subterrânea e o solo. Os recursos de fluxo são aqueles constantemente renovados, como o vento, a água dos rios e a energia solar. Heijungs et al. (1992) classificam os recursos em dois tipos: os que são consumidos e os que são usados.

Os recursos não renováveis são finitos por definição e podem ter seu suprimento comprometido em alguns anos, dependendo do tipo do recurso, devido ao atual consumo insustentável. Um exemplo é o caso do petróleo. Porém, o suprimento pode ser incrementado pelo uso mais eficiente, pela reciclagem, pela substituição por outro material e por uma melhor tecnologia de extração e processamento. Os recursos renováveis são, teoricamente, infinitos; porém, sob certas condições, alguns deles podem tornar-se não renováveis, à medida que o consumo exceder em muito a demanda. A intervenção antrópica sobre os ecossistemas pode inibir e alterar sua produtividade, diminuindo a disponibilidade de recursos renováveis. Em algumas áreas específicas, as águas naturais, os solos, as florestas e os hábitats que suportam a biodiversidade estão seriamente comprometidos. Muitos ecossistemas biologicamente ricos e promissores em benefícios materiais encontram-se ameaçados.

Há uma grande disparidade no consumo de recursos naturais do planeta. O consumo *per capita* dos países industrializados chega a ser dez vezes maior para alguns recursos se comparado a países em desenvolvimento. Se o consumo *per capita* dos países em desenvolvimento se equiparasse ao consumo dos industrializados, certamente haveria um colapso no fornecimento de vários recursos, pois a maior parte da população mundial está localizada nesses países.

A produção, a distribuição e o uso de recursos naturais causam impactos locais, regionais e globais. Podem-se destacar a degradação de áreas, a poluição de lagos, rios e mares e a poluição atmosférica. Essas emissões são quantificadas e avaliadas nas outras categorias de impacto ambiental. O modelo desenvolvido para avaliação ambiental de processos baseia-se no consumo e na disponibilidade dos recursos utilizados.

Cálculo do índice de consumo de recursos naturais

Para o Índice de Consumo de Recursos Naturais (ICRN), utiliza-se a metodologia da taxa de reserva/uso (Guinée; Heijungs, 1995). Ele é calculado pelo somatório da relação entre o consumo do recurso *i* do processo estudado, C_i, o consumo global do recurso, G_i e a reserva mundial do recurso, R_i, como descrito pela Eq. 3.14:

$$ICRN = \sum_{i=1}^{n} \frac{C_i \times G_i}{R_i^2}$$

(3.14)

O consumo de recursos naturais é uma das categorias mais discutidas e, portanto, há vários métodos diferentes para determinar fatores de caracterização. Heijungs et al. (1992) utilizam o conceito de recursos recuperáveis para o cálculo. Hauschild e Wenzel (1998) calculam fatores de caracterização baseados nas reservas *per capita*. Guinée (1998) define fatores de caracterização para recursos bióticos e abióticos, tendo como equivalência elefantes africanos e o elemento antimônio, respectivamente. Lindfors et al. (1995) avaliam o consumo de recursos utilizando a relação entre consumo e reposição destes. Seppälä (1999) utiliza a taxa de reserva/uso para calcular os fatores de caracterização.

Ainda não há um consenso sobre a melhor metodologia de avaliação do consumo de recursos naturais. Entretanto, recomenda-se que seja utilizada a relação entre o consumo e a disponibilidade dos recursos, considerando que a disponibilidade varia de acordo com o desenvolvimento tecnológico alcançado, a extração, o transporte e o uso dos vários recursos utilizados pela indústria.

O programa computacional permite o cálculo do ICRN mediante digitação dos dados do inventário ambiental. Deve-se entrar com os dados no campo correspondente, e o resultado do índice adimensional é mostrado na tela do ICRN (Fig. 3.24) e transportado para a tela final, para o cálculo do IPA.

3.2.8 Índice de consumo de energia

Energia é um conceito básico da física que obedece a duas leis fundamentais, conhecidas como o primeiro e o segundo princípios da termodinâmica. O primeiro é uma lei de conservação, que estabelece que a energia não pode ser criada nem destruída; só pode ser transformada. O segundo é uma lei de dispersão, conhecida como lei do aumento da entropia, que estabelece que a energia sempre se dispersa, passando de um estado de maior concentração para um estado de menor concentração. Essas leis também valem para a matéria, que não pode ser criada ou destruída, somente transformada. A matéria também passa sempre de um

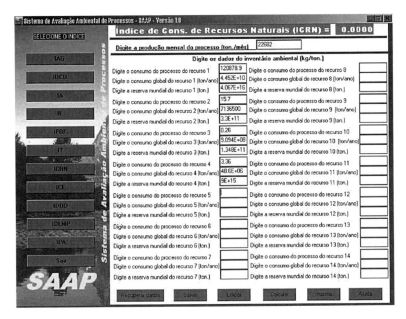

FIG. 3.24 *Tela para o cálculo do ICRN*

estado de maior organização para um estado de menor organização, ou seja, da ordem para a desordem.

A vida, aparentemente, não obedece ao segundo princípio da termodinâmica, pois ela organiza a matéria e cria estoques concentrados de energia. Essa desobediência é apenas aparente. Na realidade, a biosfera terrestre é sustentada pela energia do Sol em um estado de equilíbrio metaestável. O amplo suprimento de energia solar permite que esse equilíbrio se mantenha e que ainda sobre muita energia para ser dissipada e pagar o débito termodinâmico, cobrado pelo segundo princípio (Fonseca, 1999).

A energia é indispensável à sobrevivência do nosso planeta. O desenvolvimento futuro depende da disponibilidade de energia por muito tempo, em quantidades cada vez maiores e de fontes seguras.

Quase toda energia disponível no nosso planeta vem do Sol. A quantidade total de energia solar que flui através da ecosfera terrestre é milhares de vezes maior que a energia utilizada na atividade econômica. Porém, a energia disponível para o uso antrópico é bastante limitada. Para ser utilizada, não basta que a energia seja abundante; ela deve estar concentrada.

A energia solar que atinge o planeta é muito diluída, e sua utilização direta é pouco eficiente. O calor do Sol, entretanto, provoca o aquecimento da atmosfera, que gera os ventos e a evaporação da água, que gera a chuva, tornando a energia solar utilizável.

Segundo Fonseca (1999), a fotossíntese das plantas verdes é a principal forma de concentração natural da energia solar. Aproximadamente 1% da energia solar que incide sobre uma área de vegetação densa é absorvida pelos cloroplastos das folhas, que usam essa energia para sintetizar a glicose a partir da reação do CO_2 com a água. A glicose contém carbono reduzido, no qual se baseia toda a química da vida. O carbono reduzido, produzido pela fotossíntese, é a base de todos os combustíveis utilizados pelo homem.

Pelo uso de motores elétricos e térmicos, a humanidade abriu acesso aos estoques de energia solar fossilizada nas jazidas de carvão mineral, petróleo e gás natural. Uma parte da energia solar capturada pela fotossíntese ao longo das eras geológicas tinha ficado estocada na crosta terrestre sob a forma de compostos reduzidos de carbono, disseminados nas rochas. Parte desses compostos foi acumulada pelos processos geológicos como jazidas de carvão mineral, petróleo e gás natural.

Os combustíveis fósseis e nucleares representam atualmente 84% da matriz energética mundial. A energia nuclear representa 6% das fontes de energia não renováveis e os outros 78% estão divididos entre o petróleo (33%), o carvão mineral (27%) e o gás natural (18%). As fontes de energia renováveis utilizadas mundialmente são a energia hidráulica (6%), eólica (0,5%), solar (1,5%) e de biomassa (8%) (Fonseca, 1999).

O aumento da demanda de energia decorrente da industrialização, da urbanização e da melhoria das condições sociais levou a uma distribuição global extremamente desigual do consumo de energia. Nos países desenvolvidos, o consumo de energia *per capita* supera em mais de 80 vezes o da África subsaariana (WCED, 1897).

Considerando um cenário de alto consumo energético para o ano de 2030 (35 TW), haveria necessidade de se produzir 1,6 vezes mais petróleo, 3,4 vezes mais gás natural e quase 5 vezes mais carvão do que em 1980. Se todos os países chegarem aos níveis de consumo dos países industrializados, em 2030 o consumo energético mundial seria de 55 TW.

Os riscos e as incertezas ambientais decorrentes de um consumo elevado de energia no futuro consideram o aumento da emissão de gases causadores de efeito estufa, o aumento da poluição atmosférica e da acidificação e o risco de acidentes nucleares (WCED, 1987).

Muitos prognósticos acerca da recuperação ambiental de recursos e reservas petrolíferos indicam que, nas primeiras décadas do século XXI, a produção de petróleo se estabilizará e, a partir de então, declinará gradualmente durante um período de ofertas reduzidas e preços mais altos. As reservas de gás natural deverão durar mais de 200 anos; as de carvão, cerca de três mil anos, às taxas atuais de consumo. Em termos de riscos de poluição, o gás natural, dentre os três, é o combustível mais limpo, seguido pelo petróleo e pelo carvão mineral.

A saída para o suprimento da demanda energética mundial futura é o incremento da produção de energia a partir de fontes renováveis. É preciso dar maior prioridade às fontes de energia renováveis nos programas energéticos nacionais, principalmente nos países em desenvolvimento, onde há condições para que as fontes de energia renováveis sejam bem-sucedidas, com sistemas de pequena e média escalas.

Cálculo do índice de consumo de energia

Este modelo de avaliação ambiental foi desenvolvido para a análise de processos industriais. A base para o funcionamento dos processos industriais é a energia; porém, vários estudos não analisam esse item sob a perspectiva de fontes de energia renováveis e não renováveis.

Seppälä (1999) considera a produção energética somente de recursos não renováveis. Guinée (1998) analisa o consumo de energia indiretamente, pela diminuição de recursos bióticos e abióticos. Isso pode ocorrer em estudos europeus, pois a maior parte da energia consumida nesse continente provém de fontes não renováveis. No Brasil, onde cerca de 40% da energia consumida é proveniente de fontes não renováveis, é importante que se analise um índice de consumo de energia que envolva todas as fontes geradoras.

O Índice de Consumo de Energia (ICE) é calculado levando-se em conta o consumo energético do processo, C, o consumo nacional, N e a produção mundial de energia, P, de acordo com a Eq. 3.15:

$$ICE = \frac{C \times N}{P^2} \qquad (3.15)$$

O programa computacional permite o cálculo do ICE mediante digitação dos dados do inventário ambiental. Deve-se entrar com os dados no campo correspondente, e o resultado do índice adimensional é mostrado na tela do ICE (Fig. 3.25) e transportado para a tela final, para o cálculo do IPA. O conteúdo energético dos combustíveis utilizados no processo é transformado em kWh e transportado da tela de combustíveis para a tela do ICE.

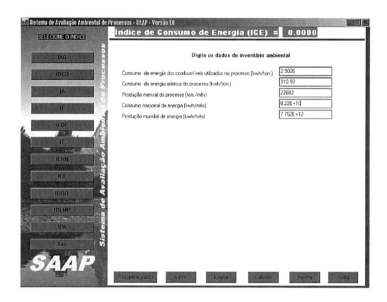

FIG. 3.25 *Tela para o cálculo do ICE*

3.2.9 Índice de destruição de oxigênio dissolvido

O oxigênio dissolvido é indispensável aos organismos aeróbios que vivem na água. A água contém oxigênio dissolvido, cujo teor de saturação depende da altitude e da temperatura. Ao nível do mar, à temperatura de 20°C, a concentração de saturação é de 9,2 mg/ℓ.

Valores de oxigênio dissolvido superiores à saturação são indicativos da presença de algas, em razão da fotossíntese. Águas com baixos teores de oxigênio dissolvido indicam que houve descarte de poluentes orgânicos e inorgânicos. Com o oxigênio dissolvido entre 4 e 5 mg/ℓ, ocorre a morte dos peixes mais exigentes; no valor de 2 mg/ℓ, há a mortandade de todos os peixes; e no valor de 0 mg/ℓ, estabelecem-se condições de anaerobiose.

A matéria orgânica da água é necessária à nutrição dos seres heterótrofos e fonte de sais nutrientes e gás carbônico para os seres autótrofos. Em grandes quantidades, porém, pode causar redução do teor de oxigênio dissolvido, pois no processo de estabilização da matéria orgânica, as bactérias fazem uso do oxigênio dissolvido nos seus processos respiratórios.

Segundo Mota (1997), o consumo de oxigênio é um dos problemas mais sérios do aumento do teor de matéria orgânica, provocando desequilíbrios ecológicos e extinção de organismos aeróbios.

Segundo Sperling (1995), os principais componentes orgânicos são os compostos de proteína, carboidratos, gordura, óleos, ureia, surfactantes, fenóis, pesticidas e outros em menor quantidade. A matéria carbonácea divide-se nas frações biodegradável e não biodegradável.

Além da matéria orgânica, os poluentes inorgânicos também consomem oxigênio dissolvido da água, por processos de oxidação e estabilização.

Antes do lançamento de despejos, o ecossistema de um corpo d'água encontra-se em um estado de equilíbrio. Após a entrada da fonte de poluição, o equilíbrio entre as comunidades é afetado, resultando numa desorganização inicial, seguida por uma tendência posterior à reorganização. Tal fenômeno é denominado autodepuração e pode ser entendido como uma sucessão ecológica. Há uma sequência sistemática de substituições de uma comunidade por outra, até que uma comunidade estável se estabeleça em equilíbrio com as condições locais. Um ecossistema em condições alteradas caracteriza-se por uma redução na diversidade de espécies, pois a poluição é seletiva para as espécies.

Vários fenômenos interferem no balanço de oxigênio dissolvido em um ecossistema aquático, promovendo aumento ou diminuição de seu teor. Quando a taxa de consumo é superior à de produção, a concentração de oxigênio tende a decrescer, e ocorre o inverso quando a taxa de consumo é inferior à de produção. A Fig. 3.26 apresenta o balanço de oxigênio dissolvido em um ecossistema aquático.

A matéria orgânica nos efluentes apresenta-se nas formas em suspensão e dissolvida. A matéria em suspensão tende a sedimentar, formando o lodo de fundo; a dissolvida e a em suspensão de pequena dimensão permanecem na massa líquida. A oxidação dessa matéria orgânica é o principal fator de consumo de oxigênio, por causa da respiração dos micro-organismos decompositores, principalmente as bactérias heterotróficas aeróbicas, cuja reação é representada abaixo:

$$\text{Matéria orgânica} + O_2 + \text{bactérias} \rightarrow CO_2 + H_2O + \text{bactérias} + \text{energia}$$

A matéria orgânica sedimentada no fundo como lodo é estabilizada, em sua maior parte, em condições anaeróbias e, portanto, sem consumo

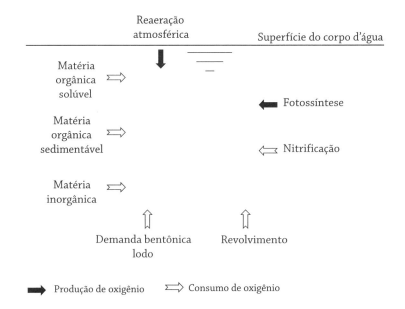

FIG. 3.26 *Balanço de oxigênio dissolvido em um corpo d'água*
Fonte: modificado de Sperling (1995).

de oxigênio. Uma pequena parte, correspondente à camada superior do lodo, é estabilizada aerobiamente consumindo oxigênio. Segundo Sperling (1995), alguns subprodutos parciais da decomposição anaeróbia podem se dissolver, atravessar a camada aeróbia do lodo e se difundir na massa líquida, exercendo uma demanda de oxigênio. Além disso, um revolvimento da camada de lodo, ocasionado por aumento da vazão e da velocidade de escoamento das águas, pode causar aumento do consumo de oxigênio, por reintroduzir na massa líquida matéria orgânica anteriormente sedimentada que ainda não foi totalmente estabilizada. Esse consumo de oxigênio é denominado demanda bentônica.

O processo de nitrificação, que transforma amônia em nitritos e, posteriormente, em nitratos, é realizado por micro-organismos autótrofos quimiossintetizantes, resultando em consumo de oxigênio, denominado demanda nitrogenada. As reações seguintes ilustram esse processo. A nitrificação ocorre em um estágio posterior à estabilização da matéria orgânica, pois as bactérias nitrificantes possuem uma taxa de crescimento mais lenta do que as bactérias heterotróficas.

$$\text{amônia} + O_2 \rightarrow \text{nitrito} + H^+ + H_2O + \text{energia}$$

$$\text{nitrito} + O_2 \rightarrow \text{nitrato} + \text{energia}$$

Pode também ocorrer, em menor escala, o consumo de oxigênio dissolvido para estabilizar e oxidar matéria inorgânica presente nos efluentes, que não reagiu nos processos biológicos.

A introdução de oxigênio no meio líquido ocorre principalmente pela reaeração atmosférica. Em ambientes aquáticos alterados pela descarga de efluentes, o teor de oxigênio encontra-se abaixo do teor de saturação, e há uma dissolução do oxigênio atmosférico, de modo a se alcançar um estado de equilíbrio, como mostra a reação:

$$O_2 \rightarrow 2\underline{O}$$

Outra fonte de produção de oxigênio é a fotossíntese realizada pelos micro-organismos autotróficos que possuem clorofila. A reação seguinte ilustra simplificadamente esse processo, que ocorre em presença da energia solar. A descarga de efluentes, que introduz sólidos em suspensão, diminui a penetração da luz solar, contribuindo para a diminuição da população de algas e da produção de oxigênio pela fotossíntese.

$$CO_2 + H_2O + \text{luz solar} \rightarrow \text{matéria orgânica} + O_2$$

O oxigênio dissolvido tem sido tradicionalmente utilizado para a determinação do grau de poluição e de autodepuração de corpos d'água. A medição da capacidade de destruição de oxigênio dissolvido devido ao lançamento de efluentes é feita pela determinação da demanda bioquímica de oxigênio (DBO) e da demanda química de oxigênio (DQO).

A DBO retrata a quantidade de oxigênio requerida para estabilizar, por meio de processos bioquímicos, a matéria orgânica carbonácea, sendo uma indicação indireta do carbono orgânico biodegradável. Normalmente, a estabilização completa demora 20 dias ou mais, dependendo das características do efluente. Padronizou-se o ensaio de DBO em 5 dias, à temperatura de 20°C, para evitar demora e garantir uma comparação dos resultados em termos mundiais.

O teste da DQO mede o consumo de oxigênio ocorrido durante a oxidação química dos componentes do efluente. Enquanto a DBO relaciona-se com a oxidação bioquímica realizada por micro-organismos, no ensaio da DQO há uma oxidação química pelo dicromato de potássio, que é um oxidante forte, em meio ácido. O teste demora de duas a três horas para ser realizado.

A DQO de um efluente é superior à sua DBO porque são oxidadas tanto a fração biodegradável como a fração inerte. A DQO tem sido utilizada para caracterizar efluentes de origem industrial.

O modelo desenvolvido para avaliação ambiental de processos baseia-se na concentração de DQO dos efluentes descartados. Essa categoria de impacto ambiental é considerada de impacto regional, pois a descarga de um efluente em um corpo d'água promove um desequilíbrio que, posteriormente, é restabelecido pelo processo de autodepuração.

Cálculo do índice de destruição de oxigênio dissolvido

O Índice de Destruição de Oxigênio Dissolvido (IDOD) é calculado pelo somatório da divisão das emissões de DQO do processo ($E_{proc.}$) pela emissão máxima permitida ($E_{máx.}$) de cada efluente i, de acordo com a Eq. 3.16. Devem-se digitar os dados de emissão do processo de cada efluente no respectivo campo. A emissão máxima permitida deve ser obrigatoriamente digitada. Sugere-se adotar o valor de 90 mg/ℓ, que é o valor máximo permitido de emissão de DQO de efluentes, definido pela DN n° 10 de 16/12/1986 do COPAM-MG.

$$IDOD = \sum_{i=1}^{n} \frac{E_{proc.}}{E_{máx.}} \tag{3.16}$$

Deve-se também entrar com os dados de vazão de cada efluente. É feita uma ponderação pela vazão para o cálculo do IDOD.

O programa computacional permite o cálculo do IDOD mediante digitação dos dados do inventário ambiental. Deve-se entrar com os dados no campo correspondente da Fig. 3.27, e o resultado do índice adimensional é mostrado na tela do IDOD e transportado para a tela final, para o cálculo do IPA.

3.2.10 Índice de distúrbio local por material particulado

Define-se material particulado como qualquer substância presente na atmosfera em estado sólido ou líquido, orgânica ou inorgânica, exceto aquelas provenientes da condensação da água. Trata-se da forma mais visível de poluição do ar.

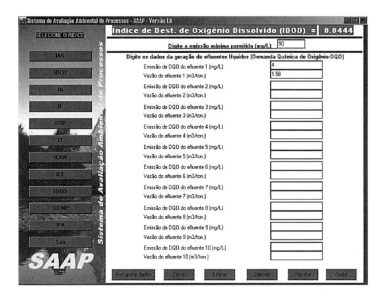

FIG. 3.27 *Tela para o cálculo do IDOD*

Dependendo de seu estado físico, da granulometria e da forma de geração, as partículas podem ser classificadas como poeira, fumo, fumaça ou névoa. Segundo Melo (1997), as partículas não constituem uma espécie definida, do ponto de vista químico, mas um conjunto de substâncias e materiais no estado sólido ou líquido, cujas dimensões e propriedades físicas situam-se dentro dos limites que podem ser detectados pelos métodos de medição utilizados. O limite inferior do diâmetro de partículas detectadas pelos diferentes métodos é variável, mas geralmente é da ordem de 10 nm.

Várias fontes de poluição contribuem para as emissões de material particulado para a atmosfera. Entre as emissões de origem natural, destacam-se as erupções vulcânicas, capazes de lançar enormes quantidades de partículas a grandes altitudes. A ação dos ventos sobre o solo também provoca suspensão de grande quantidade de material particulado para a atmosfera.

Das fontes antrópicas, destacam-se os processos de combustão, embora várias atividades industriais possam acarretar emissões de material particulado para a atmosfera, não apenas em decorrência de processos de combustão, mas de outros processos de transformação química ou física de materiais. A quantidade, a natureza e as propriedades das partículas emitidas serão função do tipo de atividade e das condições locais.

Para a análise da qualidade do ar, desenvolveram-se três parâmetros para medir as partículas. O parâmetro "partículas totais em suspensão" é medido pelo método do amostrador de grandes volumes, consistindo na coleta de partículas presentes na atmosfera por meio de um sistema de coleta e filtração de um fluxo conhecido e controlado de ar. O parâmetro "partículas inaláveis" é medido pelo método da separação inercial e filtração, sendo igual ao anterior, com exceção do fato de que o fluxo de ar a ser amostrado é coletado por meio de um sistema capaz de separar as partículas com diâmetros aerodinâmicos inferiores a 10 mm, as quais são coletadas e filtradas das partículas com diâmetro superior a esse valor. O parâmetro "fumaça" é medido por métodos óticos, que se baseiam na dispersão de um feixe de luz ocasionada pelas partículas.

O modelo desenvolvido para avaliação ambiental de processos baseia-se na emissão de material particulado pelas chaminés ou fontes estacionárias. Essa categoria de impacto ambiental é considerada de impacto local, pois, em geral, as partículas se sedimentam rapidamente, de modo que as consequências ambientais geralmente se limitam às vizinhanças da fonte emissora ou ao próprio ambiente de trabalho.

A coleta do material particulado em chaminés é denominada amostragem isocinética. Consiste em fazer passar um certo volume de gás por uma sonda e um filtro onde ficam retidos os poluentes particulados. A velocidade dos gases no local de coleta deve ser a mesma que na chaminé.

Além de isocinética, a coleta deve também ser homogênea, para levar em conta todas as variações a que os gases estão sujeitos dentro de uma tubulação. Para isso, divide-se a seção da chaminé em várias áreas iguais, em cada uma das quais, na direção de dois diâmetros perpendiculares, localizam-se os pontos de amostragem. Obtendo-se o perfil de velocidade, regula-se o equipamento pela bomba de vácuo, fazendo com que a velocidade dos gases no local de coleta seja proporcional à velocidade dos gases na chaminé. Obtém-se a concentração de poluentes relacionando a massa coletada e o volume de gases secos admitido no intervalo de tempo da coleta.

Segundo Melo (1997) e Prado Filho (1995), as partículas em suspensão são poluentes de importância fundamental, pois causam vários problemas à saúde humana. Elas quase sempre contêm substâncias adsorvidas em sua superfície, que são, muitas vezes, muito mais prejudiciais que as partículas em si.

Na atmosfera, após o lançamento, as partículas podem sofrer processos de adsorção e dissorção de substâncias tóxicas para a fase gasosa, tornando-se um veículo de disseminação atmosférica de todos aqueles poluentes que apresentam pressão de vapor muito pequena e que, em virtude disso, não estariam presentes na atmosfera em concentrações expressivas, na forma de vapores.

A distribuição de tamanho das partículas é também importante. Pelo tamanho da partícula sabe-se não apenas se ela é inalável, mas também o seu tempo de permanência na atmosfera. O tamanho determina também a área superficial específica e, em consequência, a capacidade de adsorção de substâncias gasosas. Quanto menor a partícula, maior a superfície específica e maior a probabilidade de adsorção de substâncias gasosas.

A exposição ao material particulado pode provocar vários problemas à saúde humana. As pneumoconioses são causadas somente pela inalação das partículas. Os efeitos tóxicos sistêmicos são produzidos pela respiração de determinadas partículas tóxicas ou que contêm substâncias adsorvidas. A febre metal-fumo é causada pela inalação de certos fumos de óxidos metálicos. Uma reação alérgica, cujo sintoma é uma febre, é o resultado direto da inalação de pólen ou outras substâncias orgânicas.

Em regiões industrializadas, as partículas em suspensão no ar podem transportar substâncias tóxicas ao pulmão, por causa da adsorção que ocorre na superfície das partículas. Normalmente, muitas substâncias presentes na atmosfera são absorvidas pela mucosa das vias respiratórias superiores. Quando estão adsorvidas à superfície das partículas, essas substâncias penetram mais profundamente nos pulmões, onde a absorção pelas vias sanguíneas se processa muito mais facilmente do que nas vias respiratórias superiores (Drinker; Hatch, 1954). Portanto, várias substâncias tóxicas possuem maior toxicidade em atmosfera com material particulado do que em atmosfera sem esse tipo de material.

Conforme destacam Mendes et al. (1980), normalmente o organismo dispõe de uma série de mecanismos de proteção contra a inalação de qualquer tipo de poeira. A estrutura do nariz é de tal forma que a corrente aérea provocada pela inspiração através das narinas choca-se violentamente contra a parede da faringe, onde as partículas de maior peso se fixam por meio da secreção mucosa abundante e são depois eliminadas. Os cílios, que recobrem a mucosa respiratória até os bronquíolos, pelos seus movimentos carregam as partículas de pó em direção às vias mais calibrosas, de onde são expelidas. Os bronquíolos dispõem de movimentos peristálticos que complementam a ação dos cílios. Os reflexos da tosse e do espirro criam correntes aéreas súbitas e violentas, capazes de arrastar as partículas que penetraram. Por fim, as partículas que atingem os alvéolos são fagocitadas pelos macrófagos e, na sua maioria, levadas através dos vasos linfáticos para os gânglios linfáticos.

As partículas de tamanho superior a 10 mm de diâmetro depositam--se rapidamente; apenas as menores que 5 mm permanecem suspensas no ar. As partículas maiores que 3 mm geralmente são retidas nas vias áreas superiores e as menores que 3 mm podem penetrar nos alvéolos pulmonares e ali permanecer.

Além dos efeitos sobre a saúde, as partículas em suspensão na atmosfera podem alterar as condições de visibilidade, afetando o clima, por meio da absorção da radiação solar, e impedindo que tais radiações alcancem a superfície terrestre, gerando prejuízo à atividade fotossintética, tanto pela diminuição da radiação solar como pela deposição de pó sobre as folhas das plantas. O material particulado também pode aumentar a taxa de corrosão de materiais metálicos.

Cálculo do índice de distúrbio local por material particulado

O Índice de Distúrbio Local por Material Particulado (IDLMP) é calculado pelo somatório da divisão das emissões do processo ($E_{proc.}$) pela emissão máxima permitida ($E_{máx.}$) de cada fonte i, de acordo com a Eq. 3.17. Devem--se digitar os dados de emissão do processo de cada fonte no respectivo campo. A emissão máxima permitida deve ser obrigatoriamente digitada. Sugere-se adotar o valor de 150 mg/Nm^3, que é o valor máximo permitido de emissão, definido pela DN n° 11 de 16/12/1986 do COPAM-MG, para fontes não listadas.

$$IDLMP = \sum_{i=1}^{n} \frac{E_{proc.}}{E_{máx.}} \tag{3.17}$$

O programa computacional permite o cálculo do IDLMP mediante digitação dos dados do inventário ambiental. Deve-se selecionar a chaminé para entrada dos dados de emissão, conforme mostrado na Fig. 3.28. Selecionada uma chaminé, abre-se a tela de chaminés (Fig. 3.29), permitindo a entrada dos respectivos dados de emissão de material particulado e de emissão máxima permitida, cuja divisão resulta no índice, que retorna para a tela do IDLMP. Após o cálculo do índice de cada chaminé selecionada, deve-se obrigatoriamente digitar a vazão de gases de cada uma. O IDLMP é calculado pela média dos índices individuais de cada chaminé ponderada pela vazão de gases. Deve-se entrar com os dados no campo correspondente, e o resultado do índice adimensional é mostrado na tela do IDLMP e transportado para a tela final, para o cálculo do IPA.

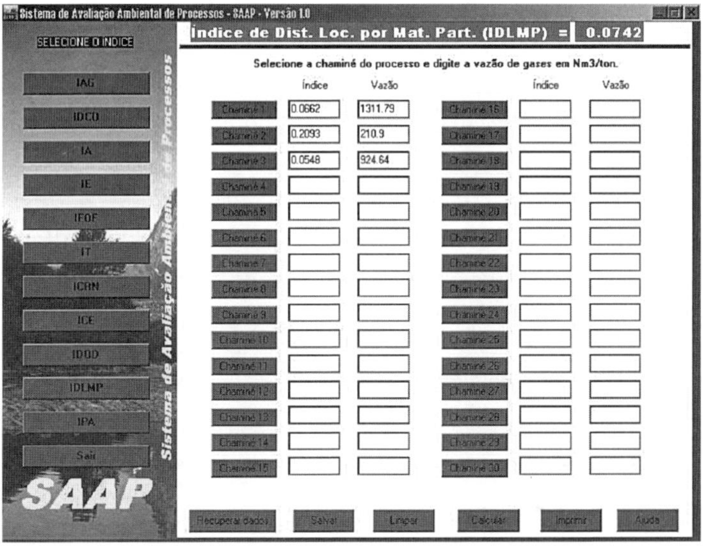

FIG. 3.28 *Tela para o cálculo do IDLMP*

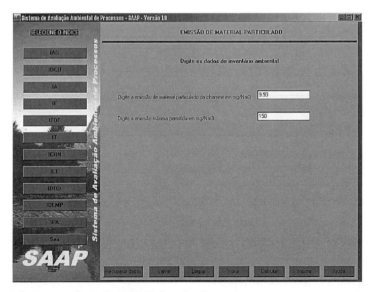

FIG. 3.29 *Tela para o cálculo do IDLMP de cada chaminé*

3.3 Índice de Pressão Ambiental

O Índice de Pressão Ambiental (IPA) é o resultado da agregação de todos os outros dez índices criados para medir o desempenho ambiental de um processo. Ele é calculado pelo somatório do produto de cada índice por seu respectivo peso. O peso dos índices para a composição do resultado final do IPA é calculado em função da pressão ambiental relativa de cada índice, baseada nos níveis de emissão permitidos pela legislação ambiental. Os índices transportados das outras telas aparecem em ordem decrescente de pressão ambiental. Portanto, o maior peso será dado ao primeiro índice. Ao se acionar outra tela e efetuar uma mudança em algum índice, haverá um reposicionamento em função de seu novo valor. Após digitar o número de categorias de impacto ambiental utilizado, deve-se acionar o respectivo botão para o cálculo dos pesos de cada índice. O resultado do IPA é apresentado depois de se acionar o botão de cálculo do índice de pressão ambiental. A Fig. 3.30 apresenta a tela para o cálculo do IPA.

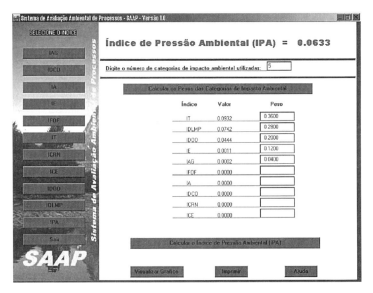

FIG. 3.30 *Tela para o cálculo do IPA*

Os pesos calculados pelo programa são passíveis de alteração, de acordo com as preferências do usuário. Basta digitar o novo valor do peso no campo correspondente e acionar novamente o botão de cálculo do IPA. Deve-se observar, porém, que o resultado da soma dos pesos dos índices deve ser a unidade. O valor representa a pressão ambiental máxima permitida pela legislação ambiental.

A Fig. 3.31 mostra a composição gráfica do IPA para esse processo. Essa tela é acionada pelo botão "visualizar gráfico", que permite observar o índice de maior peso e valor que compõe o IPA do processo avaliado.

A partir desses resultados, podem-se propor alternativas para diminuir a pressão ambiental do processo analisado, contribuindo com a melhoria contínua da *performance* ambiental das organizações que possuem um sistema de gestão ambiental baseado na norma NBR ISO 14001.

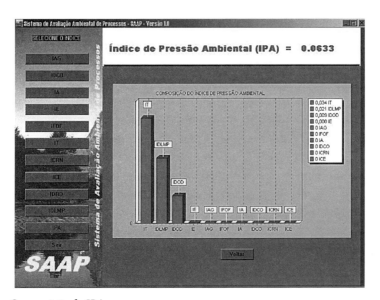

FIG. 3.31 *Composição do IPA*

Referências bibliográficas

ABNT – ASSOCIAÇÃO BRASILEIRA DE NORMAS TÉCNICAS. Norma NBR 10004: *Resíduos Sólidos* – Classificação, 2004.

ADRIAANSE, A. *Environmental policy performance indicators*. The Hague, Nederland: Infoplan, 1993.

ARAÚJO, M. A R. *O que é a destruição da camada de ozônio*. Belo Horizonte: Centro Mineiro para o Desenvolvimento Sustentável, 1993.

AZAPAGIC, A.; CLIFT, R. Life cycle assessment and linear programming - environmental optimization of product system. *Computers Chemical Engineering*, London, England, v. 19, n. 1, p. 229-234, 1995.

AZAPAGIC, A.; CLIFT, R. Life cycle assessment as a tool for improving process performance: a case study. *The International Journal of Life Cycle Assessment*, Landsberg, Germany, v. 4, n. 3, p. 133-142, 1999.

BAUMANN, H.; RYDBERG, T. A comparison of three methods for impact analysis and evaluation. *Journal of Cleaner Production*, Berlin, Germany, v. 2, n. 1, p. 13-20, 1994.

BOGUSKI, T. K. et al. General mathematical models for LCI recycling. *Resources, Conservation and Recycling*, Amsterdan, Nederland, v. 12, n. 3, p. 147-163, 1994.

BOLLMANN, H. A.; MARQUES, D. M. Bases para a estruturação de indicadores de qualidade de águas. *Revista Brasileira de Recursos Hídricos*, v. 5, n. 1, p. 37-60, jan./mar. 2000.

CAJAZEIRA, J. E. R. ISO 14001 – *Manual de implantação*. Rio de Janeiro: Qualitymark, 1998.

CASPERSEN, N. Accumulated energy consumption and emissions of CO_2, SO_2, and NO_x during life cycle of stainless steel. Ironmaking and Steelmaking, Berlin, Germany, v. 23, n. 4, p. 317-323, 1996.

CHEHEBE, J. R. B. *Análise do ciclo de vida de produtos*. Rio de Janeiro: Quality Mark, 1998.

CHUBBS, S. T.; STEINER, B. A. Life cycle assessment in the steel industry. *Environmental Progress*, New York, USA, v. 17, n. 2, p. 92-95, 1998.

CONSIDINE, D. M. *Chemical and process technology encyclopedia*. New York: McGraw-Hill, 1974.

CUNNINGHAN, W. P.; SAIGO, B. W. *Environmental science*. 3. ed. Boston: WCB Publishers, 1995.

CYBIS, L. F.; SANTOS, C. V. J. *Análise do ciclo de vida aplicada à indústria da construção civil – Estudo de caso*. In: XXVII Congresso Interamericano de Engenharia Sanitária e Ambiental. Porto Alegre, 9-14 dez. 2000.

DEICHMANN, W. B. et al. *Industrial hygiene and toxicology*. 2. ed. New York: John Wiley & Sons, 1962. v. 2.

DERWENT, R. G.; JENKIN, M. E. Hydrocarbon involvement in photochemical ozone formation in Europe. Harwell Laboratory, Oxfordshire, England. *Environment and Energy*, Report n. AERE-R13736, 1990.

DOHNOMAE, H. et al. Life cycle assessment by input-output method. *Nippon Steel Technical Report*, Tokyo, Japan, v. 71, n. 70, p. 63-68, 1996.

DRINKER, P. S. B.; HATCH, T.B. S. *Industrial dust*. 2. ed. New York: McGraw-Hill, 1954.

EPA - ENVIRONMENTAL PROTECTION AGENCY. *Toxic and priority pollutants*. Code of Federal Regulations at 40 CFR 401.15. United States of America, 1995.

FAVA, J. A. et al. *Conceptual framework for life cycle impact analyses*. Pensacola: Society of Environmental Toxicology and Chemistry (SETAC), 1993.

FINKBEINER, M. et al. The functional unit in the life cycle inventory analysis of degreasing processes in the metal-processing industry. *Environmental Management*, New York, USA, v. 21, n. 4, p. 635-642, 1997.

FINNVEDEN, G. et al. *Classification in connection with life cycle assessment*. A preliminary study. Stockholm, Sweden: Swedish Environmental Research Institute, 1992.

FONSECA, F. F. A. *Mundo em crise*; economia, ecologia e energia. São Paulo: Signus, 1999.

FORDE, J. S. et al. *Life cycle assessment of regular gasoline, gasoline with MTBE and diesel*. Fredrikstad, Norway: Oestfeld Research Foundation, 1994.

GARCIAS, C. M.; BOLLMANN, H. A. *Estratégia de gestão ambiental em bacias hidrográficas*. In: II Encontro de Especialistas em Impacto Ambiental. Rosário, Argentina, 5-7 jun. 1996.

GERMAN FEDERAL ENVIRONMENT MINISTRY. *Eco-balance for beverage containers: comprehensive figures for fresh milk and beer presented*. Berlin, Germany: Federal Environment Office, 1993.

GOEDKOOP, M. et al. *Eco-Indicator 95*; Manual for designers. Nederland: Pre-Consultants, 1995.

GOLONKA, K. A.; BRENNAN, D. J. Aplication of life cycle assessment to process selection for pollutant treatment. *Process Safety and Environmental Protection*, New York, USA, v. 74, n. 1, p. 105-119, 1996.

GÓMEZ, J. D. *Evaluación del ciclo de vida incluyendo los conceptos de Eco-indicator 95 y 98*. In: I Seminário Internacional sobre Fluxo de Materiais, Análise de Ciclo de Vida e Indicadores para o Planejamento Ambiental. Pontifícia Universidade Católica do Paraná. Curitiba, 13-14 jul. 2000.

GOVETT, G. J. S.; GOVETT, M. H. *World mineral supplies*. Amsterdam: Elsevier Scientific Publishing Company, 1976.

GRAÇA JR., J. C. Caminho da certificação ISO 14000. *Revista Meio Ambiente Industrial*, São Paulo, v. 4, n. 3, nov./dez., 1996.

GRAEDEL, T. E. et al. Matrix approaches to abridged life cycle assessment. *Environmental Science and Technology*, New York, USA, v. 29, n. 3, p. 134-139, 1995.

GUINÉE, J. B.; HEIJUNGS, R. A proposal for the definition of resource equivalency factors for use in product life-cycle assessment. Environmental Toxicology and Chemistry, v. 14, n. 5, p. 917-925, 1995.

GUINÉE, J. B. et al. *Environmental Life Cycle Assessment*. Draft Backgrounds. Nederland: Leiden University, October, 1998.

HASSAN, M. N. et al. The application of a life cycle inventory (LCI) model for solid waste disposal system in Malasia. *The International Journal of Life Cycle Assessment*, Landsberg, Germany, v. 4, n. 4, p. 188-190, 1999.

HAUSCHILD, M.; WENZEL, H. *Environmental assessment of products*; methodology, tools and case studies in product development. London: Chapman & Hall, 1998. v. 1.

HAUSCHILD, M. et al. *Environmental assessment of products*; scientific background. London; Chapman & Hall, 1998. v. 2.

HEIJUNGS, R. et al. *Environmental Life Cycle Assessment of products*. Nederland: Leiden University, Centre of Environmental Science, 1992.

HELSINK UNIVERSITY OF TECHNOLOGY. *Environmental Management Course*. Helsink, Finlândia: Dipoli Institute, 1996.

HUIJBREGTS, M. A. J. *Priority assessment of toxic substances in the frame of LCA*. Nederland, University of Amsterdam: Faculty of Environmental Sciences, 1999.

IBS – INSTITUTO BRASILEIRO DE SIDERURGIA. *Inventário das emissões do setor siderúrgico brasileiro*. Rio de Janeiro: IBS, 2000.

IISI - INTERNATIONAL IRON AND STEEL INSTITUTE. *Worldwide LCI database for steel products*. New York: IISI, 1996.

IPCC - INTERNATIONAL PANEL ON CLIMATE CHANGE. *Guideline for national greenhouse gas inventories*. New York: Comitê Intergovernamental de Negociação para a Convenção-Quadro sobre Mudança do Clima, 1996.

ISO 14031. *Environmental management - Environmental performance evaluation - Guideline*. Committee draft ISO/CD 14031.5. Geneve: ISO, 2000.

ISO 14040. *Environmental management - Life cycle assessment - Principles and framework*. Geneve: ISO, 1997.

ISO 14041. *Environmental management - Life cycle assessment - Life cycle inventory analysis*. Geneve: ISO, 1998.

ISO 14042. *Environmental management - Life cycle assessment - Life cycle impact assessment*. Committee draft ISO/CD 14042.3. Geneve: ISO, 1998.

ISO 14043. *Environmental management - Life cycle assessment - Life cycle interpretation*. Committee draft ISO/CD 14043.3. Geneve: ISO, 1999.

ITSUBO, N. et al. Current status of weighting methodologies in Japan. *The International Journal of Life Cycle Assessment*, Landsberg, Germany, v. 5, n. 1, p. 5-11, 2000.

JACOMINO, V. M. F. et al. *Dioxina*: formação, fontes e emissão. In: XXX Seminário de Redução de Minério de Ferro da Associação Brasileira de Metalurgia e Materiais. Belo Horizonte, 29 nov. - 1º dez. 1999.

JENKINS, D.; SNOEYINK, V. L. *Water chemistry*. New York: John Willey & Sons, 1980.

KARPE, H. J. et al. *Climate and development*. Berlin, Germany: ONU, 1990.

LEGARTH, J. B. et al. A screening level life cycle assessment of the ABB EU 2000 air handling unit. *The International Journal of Life Cycle Assessment*, Landsberg, Germany, v. 5, n. 1, p. 47-58, 2000.

LINDEIJER, E. et al. Normalisation and valuation. In: *Towards a methodology for life cycle impact assessment*. Society of Environmental Toxicology and Chemistry (SETAC). Part IV. Europe, Brussels, 1996.

LINDFORS, V. et al. *Nordic guidelines on Life Cycle Assessment*. Arhus: AKAPRINT A/S, 1995.

MACEDO, R. K. *Gestão ambiental*. Rio de Janeiro: ABES: AIDIS, 1994.

MANZANO, J. A. N. G.; MENDES, S. S. V. *Estudo dirigido de Delphi 4.0*. São Paulo: Érica, 1998.

MELO, G. C. B. *Efluentes atmosféricos e qualidade do ar*. Apostila do Curso de Mestrado em Saneamento, Meio Ambiente e Recursos Hídricos da UFMG, 1997.

MENDES, R. et al. *Medicina do trabalho*. Doenças profissionais. São Paulo: Sarvier, 1980.

MENKE, D. M. et al. *Evaluation of life cycle assessment tools*. United States: University of Tennessee, 1996.

MOTA, S. *Introdução à engenharia ambiental*. Rio de Janeiro: Associação Brasileira de Engenharia Sanitária e Ambiental, 1997.

MYCOCK, J. C. et al. *Handbook of air pollution control engineering and technology*. New York: Lewis Publishers, v. 1, 1995.

NARITA, N.; INABA, A. Life cycle inventory analysis of steel products based on statistics. *Journal of Japan Institute of Energy*, Tokyo, Japan, v. 77, n. 12, p. 1161-1175, 1998.

NASCIMENTO, L. V. *Análise dos padrões de qualidade das águas e de lançamentos de efluentes líquidos estabelecidos pela resolução CONAMA nº 20/1986. Uma abordagem para águas doces*. 1998. 126 f. Dissertação de mestrado. Universidade Federal de Minas Gerais, Belo Horizonte, set. 1998.

OLIVEIRA, B. F. *Elaboração de um modelo matemático para balanço ambiental aplicado à indústria metalúrgica*. 2000. 354 f. Tese de doutorado. Universidade Federal de Minas Gerais, Belo Horizonte, mar. 2000.

ONU - ORGANIZAÇÃO DAS NAÇÕES UNIDAS. *Convenção-Quadro das Nações Unidas sobre Mudança do Clima*. New York: Comitê Intergovernamental de Negociação para a Convenção-Quadro sobre Mudança do Clima, 1992.

ONU - ORGANIZAÇÃO DAS NAÇÕES UNIDAS. *Protocolo de Quioto à Convenção-Quadro das Nações Unidas sobre Mudança do Clima*. Quioto, Japão: Comitê Intergovernamental de Negociação para a Convenção-Quadro sobre Mudança do Clima, 1997a.

ONU - ORGANIZAÇÃO DAS NAÇÕES UNIDAS. *Conferência das Partes da Convenção-Quadro das Nações Unidas sobre Mudança do Clima*. Quioto, Japão: Comitê Intergovernamental de Negociação para a Convenção-Quadro sobre Mudança do Clima, 1997b.

OTAN. *International toxicity equivalency factor method for risk assessment for complex mixtures of dioxins and related compounds*. Report nº 176, Bruxelas, Bélgica, 1998.

OTT, W. R. *Environmental indices: theory and practice*. USA: Ann Arbor Science Pub., 1978.

PEREIRA, E. A. C. *Dioxinas e suas implicações na área de redução de minério de ferro*. In: XXX Seminário de Redução de Minério de Ferro da Associação Brasileira de Metalurgia e Materiais. Belo Horizonte, 29 nov.-1o dez. 1999.

PISKOUNOV, N. *Cálculo diferencial e integral*. Portugal: Lopes da Silva Editora, 1990. v. 1.

PNUMA. *Mudança do clima - Um guia para iniciantes*. Châtelaine, Suíça: Programa das Nações Unidas para o Meio Ambiente, 1995.

POTTING, J.; HAUSCHILD, M. Spatial differentiation in life cycle assessment via the site-dependent characterization of environmental impact from emissions. *The International Journal of Life Cycle Assessment*, Landsberg, Germany, v. 2, n. 4, p. 209-216, 1997.

PRADO FILHO, J. F. *Fundamentos de ciências do ambiente para engenheiros*. Apostila da Universidade Federal de Ouro Preto, 1995.

ROEMMICH, D.; McGOWAN. J. Climatic warming and the decline of zooplankton in the California current. *Science*, Washington, v. 264, n. 5205, p. 1324-1326, mar. 1995.

SANGLE, S. et al. Evaluation of life cycle impacts: identification of societal weights of environmental issues. *The International Journal of Life Cycle Assessment*, Landsberg, Germany, v. 4, n. 4, p. 221-228, 1999.

SANTOS, L. M. M. *Caracterização de resíduos sólidos de uma indústria de galvanoplastia*. 1997. 131 f. Dissertação de mestrado. Universidade Federal de Minas Gerais, Belo Horizonte, out. 1997.

SANTOS, L. M. M. *Normalização ambiental: ISO 14000*. Apostila do Centro Federal de Educação Tecnológica de Ouro Preto, 1998.

SANTOS NETO, L. *Caminho das pedras para o Delphi 4.0*. Rio de Janeiro: Bookexpress, 1998.

SEPPÄLÄ, J. *Decision analysis as a tool for Life Cycle Assessment*. Germany: Ecomed Publishers, 1999.

SEPPÄLÄ, J. et al. Forest industry and the environment: a life cycle assessment study from Finland. *Resources, Conservation and Recycling*, Amsterdan, Nederland, v. 23, n. 1, p. 87-105, 1998.

SETAC. *Guidelines for life cycle assessment: a code of practice*. Brussels: Society of Environmental Toxicology and Chemistry, 1993.

SETAC. *Evolution and development of the conceptual framework and methodology of life cycle impact assessment*. Brussels: Society of Environmental Toxicology and Chemistry, 1998.

SHARMA, V. K. Wastepaper in *Munbai* (India). *The International Journal of Life Cycle Assessment*, Landsberg, Germany, v. 5, n. 1, p. 12-18, 2000.

SHMIDT, W. P. BEYER, H. M. Environmental considerations on battery-housing recovering. *The International Journal of Life Cycle Assessment*, Landsberg, Germany, v. 4, n. 2, p. 107-112, 1999.

SPENGLER, T. et al. Development of a multiple criteria based decision support system for environmental assessment of recycling measures in the iron and steel making industry. *Journal of Cleaner Production*, Berlin, Germany, v. 6, n. 1, p. 37-52, 1998.

SPERLING, M. V. *Princípios do tratamento biológico de águas residuárias*; introdução à qualidade das águas e ao tratamento de esgotos. Belo Horizonte: DESA/UFMG, 1995. v. 1.

SPIEGEL, M. R. *Estatística*. São Paulo: McGraw-Hill, 1977.

STOLARSKI, R. *The antartic ozone hole*. *Scientific American*, New York, v. 258, p. 20-26, 1988.

STONE, K. R.; TOLLE, D. A. Life cycle assessment of chemical agent resistant coatings. *The International Journal of Life Cycle Assessment*, Landsberg, Germany, v. 3, n. 1, p. 3-11, 1998.

THE WORLD RESOURCES INSTITUTE. *World resources*. New York: Oxford University Press, 1994.

THOMANN, R. V.; MUELLER, J. A. *Principles of surface water quality modeling and control*. New York: Harper International Edition, 1987.

TILLMAN, A. M. et al. *Choice of system boundaries in life cycle assessment*. Journal of Cleaner Production, Berlin, Germany, v. 2, n. 1, p. 21-29, 1994.

TOLEDO, G. L.; OVALLE, I. I. *Estatística básica*. 2. ed. São Paulo: Atlas, 1992.

TOLLE, D. A. Regional scaling and normalization in LCIA. *The International Journal of Life Cycle Assessment*, Landsberg, Germany, v. 2, n. 4, p. 197-208, 1997.

VAN ZEIJTS, H. et al. Fitting fertilization in LCA: allocation to crops in a cropping plan. *Journal of Cleaner Production*, Berlin, Germany, v. 7, n. 1, p. 69-74, 1999.

WCED - WORLD COMMISSION ON ENVIRONMENT AND DEVELOPMENT. *Our common future*. Oxford, England: Oxford University Press, 1987.

WEIDEMA, B. P. et al. *Environmental assessment of products*. 2 ed. Helsink, Finlândia: The Finnish Association of Graduate Engineers, 1993.

ZORZAL, F. M. B. et al. *Abordagem metodológica por indicadores de qualidade ambiental em plantas industriais*. In: IX Simpósio Luso-brasileiro de Engenharia Sanitária e Ambiental da Associação Brasileira de Engenharia Sanitária e Ambiental. Porto Seguro, 9-14 abr. 2000.